高等学校中国共产党革命精神与文化资源研究中心
教育部高等学校社会科学发展研究中心 组编

中国共产党革命精神系列读本

王炳林 总主编

特 区 精 神

陈金龙 蒋积伟 主编

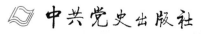 中共党史出版社

图书在版编目(CIP)数据

特区精神 / 陈金龙,蒋积伟主编. —北京:中共
党史出版社,2019.7

(中国共产党革命精神系列读本)

ISBN 978-7-5098-5082-4

Ⅰ.①特… Ⅱ.①陈…②蒋… Ⅲ.①中华民族—民
族精神—研究 Ⅳ.①C955.2

中国版本图书馆 CIP 数据核字(2019)第 080760 号

出版发行:**中共党史出版社**
责任编辑:姚建萍
复　　审:陈海平
终　　审:吴　江
社　　址:北京市海淀区芙蓉里南街 6 号院 1 号楼
邮　　编:100080
网　　址:www.dscbs.com
经　　销:新华书店
印　　刷:三河市华东印刷有限公司
开　　本:170mm×240mm　1/16
字　　数:157 千字
印　　张:13.5
印　　数:1—6000 册
版　　次:2019 年 7 月第 1 版
印　　次:2019 年 7 月第 1 次印刷
ISBN 978-7-5098-5082-4
定　　价:45.00 元

此书如有印制质量问题,请与中共党史出版社营销部联系
电话:010—82517190

总　序

王炳林

习近平总书记在党的十九大报告中强调指出，"文化自信是一个国家、一个民族发展中更基本、更深沉、更持久的力量。必须坚持马克思主义，牢固树立共产主义远大理想和中国特色社会主义共同理想，培育和践行社会主义核心价值观，不断增强意识形态领域主导权和话语权，推动中华优秀传统文化创造性转化、创新性发展，继承革命文化，发展社会主义先进文化，不忘本来、吸收外来、面向未来，更好构筑中国精神、中国价值、中国力量，为人民提供精神指引"[①]。中国共产党在近百年的光辉历程中，带领中国人民取得了革命、建设和改革的伟大胜利，同时铸就了具有丰富时代内涵和民族特征的革命精神。这些革命精神是我们党的宝贵精神财富和丰厚政治资源，深入研究和广泛宣传革命精神，对于弘扬党的优良传统、发挥党史资政育人作用具有重要意义。

[①] 习近平：《决胜全面建成小康社会　夺取新时代中国特色社会主义伟大胜利——在中国共产党第十九次全国代表大会上的报告》，人民出版社2017年版，第23页。

习近平总书记多次强调，要"把红色资源利用好、把红色传统发扬好、把红色基因传承好"。为整合高校优势资源，建设革命精神研究教育宣传的阵地和红色文化资源开发利用的智库，2013 年 7 月，教育部与原中央党史研究室合作共建高等学校中国共产党革命精神与文化资源研究中心（以下简称"研究中心"）。"研究中心"成立以来，通过基地年度重大项目和中国特色社会主义理论体系研究专项，引导各研究基地发挥地域优势和研究特色，结合国家和地方经济社会发展需要，深入开展中共党史、革命精神和红色文化资源相关问题研究，形成了一批有特色、有影响的研究成果；同时，结合年度重大历史节点，每年组织一次高校党史教育论坛，汇聚高校党史研究教育工作者，围绕党史重大历史事件、党史学科建设、红色文化育人等开展研讨交流；推动加强高校智库建设，组织各研究基地撰写咨询报告，形成了《治国理政》等有较大影响的系列咨询报告，为中央和地方有关部门提供决策参考。

2013 年 7 月至 2015 年 1 月，"研究中心"组织编写出版了《中国共产党革命精神史读本（新民主主义篇）》和《中国共产党革命精神史读本（社会主义革命和建设篇）》，对新民主主义时期、社会主义革命和建设时期的中国共产党革命精神进行了专题研究。2017 年 1 月以来，又编写出版了"中国共产党革命精神系列读本"，包括《先驱精神》《红船精神》《井冈山精神》《苏区精神》《长征精神》《抗战精神》《延安精神》《西柏坡精神》《古田会议精神》《红岩精神》《沂蒙精神》《大庆精神》《焦裕禄精神》等 13 本，共计 237 万字。

为进一步加强中共党史、革命精神和红色文化的教育、宣传和普及，推动研究成果的转化运用，更好地发挥党史资政育人作用，"研究中心"继续组织开展了新一批"中国共产党革命精神系列读本"的编写出版工作，主要包括《八一精神》《琼崖革命精神》《百色起义精神》

《东北抗联精神》《雷锋精神》《红旗渠精神》《特区精神》《抗震救灾精神》等8本。"系列读本"着重研究和解决了三方面问题。

第一,准确阐释中国共产党革命精神的科学内涵。

中国共产党革命精神是指党在领导人民群众进行革命、建设和改革实践过程中,在特定的历史时期和特殊的历史环境下形成的,集中体现中国共产党人政治觉悟、意志品质、思想道德和工作作风的一系列优良传统和革命风范。中国共产党的历史是一部中国人民站起来、富起来、强起来的奋斗史,也是一部不断造就各种崇高革命精神的文明史。认识中国共产党革命精神的内涵,至少要把握好三个关系:

一是从精神主体上把握好中国共产党与广大人民群众的关系。中国共产党革命精神既体现在党的各级组织和每个党员身上,同时也体现在广大人民群众身上。人民是革命实践的主体,必然也是革命精神的主体。

二是从时间范畴上把握好革命与建设、改革的关系。无论从马克思主义革命理论还是从中国革命实践来看,都可以明确"革命"是对党所领导的新民主主义革命、社会主义革命与建设、改革开放等多个阶段的近百年历史实践的总体概括。建设和改革都是革命的延续,是宏观意义"革命"的一部分,无论是在建设还是在改革过程中涌现的精神,都可以称之为"革命精神"。

三是从宏观上把握好革命精神整体与具体精神形态个体的关系。中国共产党革命精神与各个具体的革命精神形态之间是整体与局部的关系。中国共产党革命精神是一个整体,它由若干具体的革命精神形态组成。每个革命精神形态又自成体系,有自身产生的历史条件、时空背景,有明确的内涵和鲜明的特征。这就要求我们既要充分尊重各个具体的革命精神形态之间的差异,发挥不同革命精神形态在不同时期面向不同群体的激励作用,又要加强整体研究,使多姿多彩的各个精神形态共同构成革命精神的壮丽画卷,丰富革命精神的科学内涵。

第二,深刻揭示中国共产党革命精神的形成条件。

任何精神形态的出现,都有一定的实践基础和历史条件,它必然扎根于本民族的传统精神与文化,并吸收和借鉴时代精神的精华,在长期的实践过程中孕育形成。

中国共产党革命精神根本上来源于党领导的革命、建设和改革的伟大实践。革命实践孕育革命精神。中国共产党革命精神属于认识范畴,属于人们对客观事物规律性的认识,其最根本、最原始的来源,只能是革命实践。没有真实具体的革命实践,就不可能形成内涵丰富和形象生动的革命精神。革命实践是革命精神发展的动力。革命精神的产生、发展离不开革命实践提供的特定历史背景和时空条件。革命精神推动革命实践发展。认识的最终目的是指导实践。中国共产党革命精神来源于革命实践,其长期存在的根本价值也在于能够促进革命实践的发展。

革命实践与革命精神的关系,决定了我们在开展中国共产党革命精神研究时要高度重视史实研究,尤其要重视开展党领导人民群众的不懈奋斗史、理论探索史和自身建设史研究,深入挖掘和充分利用史料,准确判断历史形势和把握历史脉络,坚持史论结合、论从史出,既实事求是地讲出历史的本然,又讲出历史的所以然,这样才能增强研究的科学性和厚重感。

中国共产党革命精神的形成与发展离不开马克思主义的指导。"没有革命的理论,就不会有革命的运动。"①马克思主义是揭示客观世界特别是人类社会发展一般规律的科学,是无产阶级认识世界和改

---

① 《列宁专题文集(论无产阶级政党)》,人民出版社 2009 年版,第 70 页。

造世界的锐利思想武器。中国共产党自成立之日起,就把马克思主义确立为自己的指导思想,写在自己的旗帜上。伴随革命实践一路走来的革命精神,从孕育、形成到发展,始终离不开马克思主义的指导,其蕴含的核心要素都是来源于马克思主义的理论观点。

革命精神的核心要素之一"坚定的理想信念",就集中体现了马克思主义的立场、观点和方法。信仰的确立来自于理论的认知。马克思主义认为,社会基本矛盾的运动决定着社会主义必然代替资本主义、人类社会必然走向共产主义。正是在马克思主义世界观的指导下,一代又一代中国共产党人把在中国实现社会主义、共产主义确立为自己的远大理想和奋斗目标,并树立了为之不懈奋斗的坚定信念。正如习近平总书记指出的,"坚定理想信念,坚守共产党人精神追求,始终是共产党人安身立命的根本。对马克思主义的信仰,对社会主义和共产主义的信念,是共产党人的政治灵魂,是共产党人经受住任何考验的精神支柱"[1]。

无论是哪个时期,无论侧重哪个方面,中国共产党革命精神中都始终贯穿着马克思主义基本原理,尤其是辩证唯物主义和历史唯物主义观点。可以说,中国共产党革命精神是马克思主义理论在精神思想层面的生动体现。只有深刻把握马克思主义立场、观点和方法,才能把握中国共产党革命精神的灵魂。

中国共产党革命精神是对中华优秀传统文化和民族精神的继承和升华。中华民族在五千多年的悠久历史中,形成了丰富的传统文化和独特的民族精神。中国共产党人在革命、建设和改革过程中,继承和弘扬了中华传统文化所蕴含的讲仁爱、重民本、守诚信、崇正义、尚

---

[1] 习近平:《紧紧围绕坚持和发展中国特色社会主义学习宣传贯彻党的十八大精神》,《人民日报》2012年11月19日。

和合、求大同等思想观念，继承和弘扬了以爱国主义为核心的团结统一、爱好和平、勤劳勇敢、自强不息的伟大民族精神。

就爱国主义而言，我国历史上曾出现许多忧国忧民、鞠躬尽瘁的仁人志士和抗击外敌、视死如归的民族英雄，从不同侧面体现了中华民族的爱国主义精神。到了近代中国，在内忧外患的危难境地，中国共产党带领中国人民，对外反抗帝国主义列强侵略，捍卫祖国的独立和领土完整，对内反对封建统治者和买办官僚资本，取得新民主主义革命和社会主义革命的伟大胜利，谱写了爱国主义新篇章。由此可见，中国共产党人不仅是中国人民爱国斗争的领导者，也是最坚定、最彻底的爱国主义者，是爱国主义民族精神的忠实传承者和弘扬者、积极倡导者和发展者。

中国共产党革命精神吸收和借鉴了世界文明优秀成果。革命实践要成功，必须具备世界眼光。毛泽东很早就开始接触西方"新知识"。1910年，17岁的毛泽东从一本世界英杰传里，读到拿破仑、叶卡特琳娜女皇、彼得大帝、华盛顿、格莱斯顿、卢梭、孟德斯鸠和林肯等人的事迹后，对同学萧植蕃说，中国也要有这样的人，我们应该讲求富国强兵之道，顾炎武说得好，天下兴亡，匹夫有责①。

很多革命家选择走出国门，前往异国他乡，直接感受和学习国外积极思想文化成果。在国外学习和吸收的新思想、新理论，所见所闻的文明成果，对早期革命家确立信仰、选择道路起到了不容忽视的作用，使他们能用宽广的眼界和胸襟观察和把握世界发展局势，对中国革命实践发挥了至关重要的作用，也对中国共产党革命精神形成产生了积极影响。

中国共产党十分注重在革命、建设和改革实践中吸收和借鉴国外

---

① 《毛泽东年谱(1893—1949)》上，中央文献出版社2013年版，第9页。

先进理念和技术，为我所用。1956年，在探索中国社会主义建设道路之初，毛泽东就提出"向外国学习"，并要求"一切民族、一切国家的长处都要学，政治、经济、科学、技术、文学、艺术的一切真正好的东西都要学"①。在对外开放过程中，邓小平也强调，"现在的世界是开放的世界""中国的发展离不开世界"②，用新的思想和观点继承和发展了马克思主义。可以说，以改革创新为核心的时代精神也融合了人类社会创造的一切有益文明成果。

第三，全面阐述中国共产党革命精神的时代意义。

长期以来，中国共产党革命精神对于推动党领导的革命、建设和改革事业发挥了无可替代的重要作用。新时期，这些革命精神将继续在推进全面从严治党、培育和践行社会主义核心价值观、加强大学生理想信念教育等方面发挥重要作用，成为实现中华民族伟大复兴中国梦的不竭精神动力。

中国共产党革命精神是推进全面从严治党、加强党的自身建设的重要法宝。中国共产党革命精神是伴随着党的建设一路走来的，在革命战争年代，中国共产党成为了先进的代名词，同时也成为了忠于理想、勇于牺牲等革命精神的代名词。党创造和孕育了革命精神，革命精神又将在新时代下丰富和滋养党的建设。革命精神的弘扬与继承，将对党员产生重要的感召、引领、示范、激励作用，为全面从严治党、加强党的自身建设营造文化氛围，提供精神支撑。

中国共产党革命精神是培育和践行社会主义核心价值观的重要资源。习近平总书记在江苏调研时强调："坚持和发扬党的光荣传统和优良作风，能够为培育和践行社会主义核心价值观提供丰厚营养，

---

① 《毛泽东文集》第7卷，人民出版社1999年版，第41页。
② 《邓小平文选》第3卷，人民出版社1993年版，第64、78页。

使社会主义核心价值观教育更加具有震撼人心、塑造灵魂的作用。"中国共产党革命精神所蕴含的精神要素,无论是在革命年代,还是在当下,都具有重要的教育引导和精神鼓舞作用。同时,这些精神要素与社会主义核心价值观具有内在的相通性,是培育和践行社会主义核心价值观的重要资源。用这种精神来搞经济,就会有干劲、有士气;用这种精神来教育干部,有利于避免挥霍奢靡之风;用这种精神来教育青年,能养成勤俭节约、奋发向上的好习惯。

中国共产党革命精神是加强大学生理想信念教育的优秀教材。革命精神内涵丰富,既有忠于理想、勇于牺牲的理想信念,有依靠人民、服务人民的服务意识,也有自力更生、艰苦奋斗的意志品格,还有谦虚谨慎、戒骄戒躁的优秀品质。革命精神载体多样,在博物馆、历史纪念馆中既有硝烟弥漫的战争场面,也有活泼生动的历史细节,还有激进悲壮的革命情怀。用这些革命精神资源对青年学生进行理想信念教育,集知识性与趣味性于一体,寓教于游、寓学于乐,可以使学生在轻松愉快的阅读或参观游览中,不知不觉、自觉自愿地接受教育和熏陶,达到"润物细无声"的效果。

"系列读本"力图呈现以下特点:

坚持学术性。坚持将革命精神作为一个专门的科学问题,全面、立体、深入、规范地开展研究。注重强化学理支撑,深入挖掘与革命精神相关的事件、人物,坚持论从史出,注重史料的真实与全面,注重论述的客观与严谨,注重表述的规范和准确。

突出时代性。把革命精神放置于实现中华民族伟大复兴中国梦的大背景中,深刻揭示革命精神在推进全面从严治党、培育和践行社会主义核心价值观、加强大学生理想信念教育等方面发挥的借鉴、鼓舞和激励作用,全面阐释革命精神的时代价值。

注重可读性。采用通俗化的语言,把讲故事与讲道理结合起来,有案例、有分析,说理透彻、深入浅出。形式活泼新颖、图文并茂,增强可读性和吸引力。努力做到学术的严谨性、史实的准确性、表达的通俗性三者的有机统一。

编写新一批"中国共产党革命精神系列读本",是"研究中心"持续开展中共党史、革命精神与红色文化资源研究教育宣传的一项重要工作,也是学习贯彻落实党的十九大精神,用习近平新时代中国特色社会主义思想武装头脑、指导实践的重要举措,希望能够得到专家学者的批评指正,也希望有更多专家学者加入进来,共同推动革命精神研究教育宣传事业迈向更高台阶。

目　录
CONTENTS

第一章　特区精神的形成

　　"两手抓、两手都要硬"，是20世纪八九十年代使用频率颇高的词语。它既是邓小平对中国特色社会主义总体布局通俗形象的说明，也是邓小平对经济特区的殷切期望。他说："八十年代初建立经济特区时，我与广东同志谈，要两手抓，一手要抓改革开放，一手要抓严厉打击经济犯罪，包括抓思想政治工作。就是两点论"。① "广东二十年赶上亚洲'四小龙'，不仅经济要上去，社会秩序、社会风气也要搞好，两个文明建设都要超过他们，这才是有中国特色的社会主义。新加坡的社会秩序算是好的，他们管得严，我们应当借鉴他们的经验，而且比他们管得更好。"② 40年来，经济特区始终坚持"两手抓、两手都要硬"，取得了显著成就：坚持正确的价值导向抓好思想建设，形成了内涵丰富、独具特色的特区精神。2018年4月13日，习近平在庆祝海南建省办经济特区30周年大会上的讲话指出，只有敢于走别人没有走过的路，才能收获别样的风景。经济特区自创办以来，以一种强烈的使命担当，敢闯敢试，敢为天下先，

---

① 《邓小平文选》第3卷，人民出版社1993年版，第306页。
② 《邓小平文选》第3卷，人民出版社1993年版，第378页。

硬是杀出了一条血路，生动讲述了属于自己的春天的故事。在此基础上形成的"特区精神"，成为推动经济特区发展和改革开放不断深入的精神力量。经济特区以其独特的精神面貌充分展现了经济特区最特别的一面，成为中国改革开放过程中一道亮丽的风景。那么，特区精神是如何产生的？理解这一点，有助于我们在新时代更好地继承和发扬特区精神。

一、特区精神形成的时代背景

尽管精神的传承可以跨越时空，但任何一种精神的产生都是同特定的时代背景、历史条件和现实要求相联系的，特区精神也不例外。经济特区开启于改革开放的伟大决策，与改革开放的进程相始终。经济特区一诞生就承担着为中国特色社会主义探索道路的使命，承担着为改革开放闯出一条新路的重担。要深入准确地把握特区精神的科学内涵、历史地位和时代价值，首先应全面把握其所形成的时代背景，弄清楚当时中国的国内外环境。

（一）中国经济与世界经济发展间的差距

1956 年社会主义制度在中国确立后，以毛泽东为代表的中国共产党人对社会主义建设道路进行了初步的、艰辛的探索。其中有成果，也有失误，甚至是严重的失误。20 世纪 70 年代末，"文化大革命"的十年内乱终于结束。但是，与 20 世纪末实现"四个现代化"的宏伟目标形成鲜明对比的是，中国成为经济发展中的一片洼地。1978 年改革开放之初，中国是世界上最贫穷的国家之一。按照世界银行的统计指标，1978 年我国人均 GDP 只有 156 美元。一般认为撒哈拉沙漠以南的非洲国家是世界上最贫困的地区，但 1978 年撒哈拉沙漠以南的非洲国家人均 GDP 是 490 美元。与世界上其他贫穷国家一样，中国当时有81%的人口生活在农村，84%的人口生活在每天1.25美元的国际贫困线之下。当时，中国也是极为内向型的经济，出口只占国内生产总值的4.1%，进口仅占5.6%，两项加起来仅为9.7%。而且，出口的产品中75%以上是农产品或是农业加工品。在这样薄弱的基础上，用20年的时间实现"四个现代化"，无疑是痴人说梦。但是，这种贫瘠的境况也给了中国共产党人一种强烈的忧患意识，促使他们对中国未来的发展进行重新谋划。

五个经济特区中广东就占了三个。但是改革开放前的广东也可谓是穷山恶水，从轰动一时的"大逃港"事件可见一斑。据统计，20世纪50年代至80年代，有将近100万名内地居民由深圳越境逃往对面的香港，这被研究者认为是冷战时期持续时间最长、规模最大的群体性逃亡事件，史称"大逃港"。在当时的深圳（隶属宝安县的一个小镇）流传着这样一首民谣："宝安只有三件宝，苍蝇、蚊子、沙井蚝。十屋九空逃香港，家里只剩老和小。"为了偷渡成功，偷渡者想尽了各种办法，足见逃港决心之大。偷渡者通常带有汽车轮胎或者救生圈、泡沫塑料等救生工具，还有人将多个避孕套吹起来挂在脖子上。有些偷渡者下水后，还一边游一边背诵毛主席语录给自己打气："下定决心，不怕牺牲，排除万难，去争取胜利！"当时，上述物件都属于严格控制使用的物品。到后来，就连乒乓球都成了其中之一。边防部队发现，有人将数百个乒乓球串在一起，作为救生工具。甚至有人把所学的物理知识运用到游泳中，思考用一种什么样的姿势游泳，可以最大限度地节约体力。由于村民大量外逃，深圳许多村庄都"十室九空"。1971年，宝安县公安局在给上级的《年终汇报提纲》里写道，大望前、马料河、恩上、牛颈窝、鹿嘴、大水坑等许多村庄都变成了"无人村"，有个村子逃得只剩下一个瘸子。为了收容抓到的偷渡者，当地政府新建了百余个收容所，但还是常常人满为患。在那个年代，偷渡是公开的秘密。哪家有人偷渡成功，家人不仅不避嫌，反而会在外人面前炫耀，有的人还会大摆筵席，大放鞭炮，以示庆祝。为什么要逃港？最主要的原因是因为贫穷和饥荒。当时，宝安一个农民一天的平均收入大约是0.7元人民币，而香港农民一天的收入平均为70港币，两者间悬殊近100倍。当地流传的民谣唱道："辛辛苦苦干一年，不如对面8分钱"（指寄信到香港叫亲属汇款回来），可见两地经济发展差距之大。

1978年4月，习仲勋复出后被委以重任。65岁的习仲勋南下主政广东，把守中国的南大门，这对于许久没有工作的习仲勋来说是个极大的挑战。习仲勋赴任后遇到最头疼的事情就是大规模的逃港潮。他决定深入到逃港最严重的地区，从调查研究做起。经过大量的走访，习仲勋亲身感受到了当地居民对提高生活水平的渴望。他意识到，光靠严防死守不可能有效地遏制偷渡，必须另辟蹊径。尤为关键的是，习仲勋在调查研究的基础上，对"逃港"问题做出了实事求是的定性，认为"逃港"是人民内部矛盾，不是敌我矛盾，这就可以有效地避免把逃港事件当作阶级问题来处理的危险。习仲勋说，"我们自己的生活条件差，问题解决不了，怎么能把他们叫偷渡犯呢？这些人是外流不是外逃，是人民内部矛盾，不是敌我矛盾，不能把他们当作敌人，你们要把他们统统放走。不能只是抓人，要把我们内地建设好，让他们跑来我们这边才好。"① 这对依然受制于"以阶级斗争为纲"思想束缚的中国来说，做出这样一个判断是一件

---

① 《习仲勋主政广东》，中共党史出版社2007年版，第80页。

风险很大的事情。据习仲勋夫人齐心回忆，当时"有人反映习仲勋对反外逃不重视，实际上，他不是不重视外逃问题，而是反对以'左'的方法处理外逃问题，认为把偷渡的人一律当成犯人对待，混淆两类不同性质的矛盾，特别令他深思的是这种沿用以往'左'的观点、方法和措施是不能从根本解决外逃问题的。必须清理'左'的遗毒，采取标本并治的积极态度，从源头抓起，把经济搞上去，才能从根本上解决外逃问题"。① 1990年，当聊起那段历史时，习仲勋意味深长地说了这样一番话："千言万语说得再多，都是没用的，把人民生活水平搞上去，才是唯一的办法。不然，人民只会用脚投票。"②

这是一部跨度达30年的惊心动魄的逃亡史。中国共产党苦苦追求、为之奋斗的社会主义制度，当时并没有显示出它的优越性所在。邓小平说："什么叫社会主义，社会主义总要表现它的优越性嘛。它比资本主义好在哪里？每个人平均六百几十斤粮食，好多人饭都不够吃，二十八年只搞了二千三百万吨钢，能叫社会主义优越性吗？干社会主义，要有具体体现，生产要真正发展起来，相应的全国人民的生活水平能够逐步提高，这才能表现社会主义制度的优越性。"③ 其实，长期处于封闭状态的中国，也没有完全搞清楚"现代化"到底是什么样子。直到邓小平出访日本、新加坡、美国等国家之后，才知道什么叫真正的现代化。中国需要跑，需要全力加速跑，才能追赶时代的步伐，否则就有被开除球籍的危险。面对一个千疮

---

① 《习仲勋主政广东》，中共党史出版社2007年版，第80页。
② 林天宏：《深圳大逃港事件：很多偷渡者在半路被边防战士击毙》，载《中国青年报》，2010年12月8日。
③ 《邓小平年谱（1975—1997）》上册，中央文献出版社2004年版，第277页。

百孔的烂摊子，中国将向何处去？中国如何迅速回到世界经济发展的版图中来，缩小与世界经济发展的巨大差距，让中国人民富裕起来，体现社会主义制度的优越性，这样一个问题尖锐地提到党和人民面前。

与此同时，中国正面临着世界许多发达国家再次实行产业结构调整的大好机遇。邓小平敏锐地注意到世界范围内新科技革命日新月异的发展，同时还注意到由于有资格打世界大战的两个超级大国的全球战略部署都未能实现，而发展中国家谋求发展，必定成为时代大潮。邓小平由此断言："国际上有两大问题非常突出，一个是和平问题，一个是南北问题。还有其他许多问题，但都不像这两个问题关系全局，带有全球性、战略性的意义。"① 而南北问题即发展问题。邓小平高瞻远瞩，果断地做出了和平与发展成为时代主题的判断。在这样一个难得的机遇面前，中国该如何把握？基于中国经济与世界经济之间的差距和对现代化的重新认识，邓小平坚定地支持真理标准问题大讨论，有力推动了党和人民的思想大解放。由此而来的是实现了全党工作重心从以阶级斗争为纲到以经济建设为中心的大转变。时代主题的发展变化和工作重心的转移，给了彷徨的中国新的发展机遇。能否把握机遇，对当时思想观念比较保守的中国来说，首先需要新的精神面貌来开启新时期的历史，这是时代的要求，也是问题发出的强烈声音。事实证明，特区精神就像一股清流，给沉闷的中国带来了新鲜的空气，让国人为之一振。

（二）改革开放是"发令枪"

改革开放是决定当代中国命运的关键一招，也是决定实现"两

---

① 《邓小平文选》第3卷，人民出版社1993年版，第96页。

个一百年"奋斗目标、实现中华民族伟大复兴的关键一招。没有改革开放，就没有中国的今天，也就没有中国的明天。这是一条正确的道路，正是改革开放这场新的伟大革命，让我们成功开辟出中国特色社会主义道路，不断推动社会主义制度的自我完善和发展，让社会主义中国巍然屹立在世界东方，让科学社会主义在 21 世纪的中国焕发出生机和活力，给世界上那些既希望加快发展又想保持自身独立性的国家提供了全新的选择。中国在 1978 年走上改革开放的道路不是偶然的，而是党领导人民艰辛探索社会主义道路的必然走向。中共十一届三中全会前，党领导人民对社会主义道路进行了长时期的艰辛探索，取得了伟大成就和宝贵经验。但由于历史的局限，这种探索没有能够从根本上突破苏联模式的传统框架。这种模式的弊端随着时间的推移，更加明显地暴露出来，中国出现了持续的"票证时代"。物资短缺，经济缺乏活力，必须通过改革开放来摆脱困境。20 世纪 70 年代世界经济快速发展也要求我国必须通过改革开放缩小差距，改革开放由此成为一种历史的必然走向。中共十一届三中全会前夕，邓小平访日时曾幽默地说："长得很丑却要打扮得像美人一样，那是不行的。"① 在从东京到京都的"光号"新干线列车上，日本前驻华大使中江要介问邓小平："现在时速是 240 公里，您感觉如何？"邓小平听后微微一笑："这对于中国太快了。"后来还说："就像推着我们跑一样，我们现在很需要跑。"② 对于 1978 年的中国来说，的确需要跑，而改革开放正是中国奔跑的"发令枪"。

"文化大革命"结束后，中国经历了在徘徊中前进的两年。真理

---

① 钟声：《改革初探：邓小平倡议创办经济特区》，吉林出版集团有限责任公司 2010 年版，第 15 页。

② 《小平访日，坚定改革开放决心》，载《新京报》，2008 年 10 月 22 日。

标准问题的大讨论解放了思想，为改革开放奠定了思想基础。党的十一届三中全会则实现了中华人民共和国成立以来党的历史上的伟大转折。这个伟大转折是全局性的，根本性的。全会重新恢复和确立了解放思想，实事求是的思想路线。果断地停止使用"以阶级斗争为纲"的口号，做出了"全党工作的着重点应该从1979年转移到社会主义现代化建设上来"的战略决策，实现了早在中共八大已经提出却一直没有完成的工作重点的历史性转变，从而确定了中共在新的历史时期以经济建设为中心的政治路线。党的十一届三中全会公报明确提出："实现四个现代化，要求大幅度地提高生产力，也就必然要求多方面地改变同生产力发展不适应的生产关系和上层建筑，改变一切不适应的管理方式、活动方式和思想方式，因而是一场广泛、深刻的革命"。① 决定从经济管理体制和经营管理方法着手认真地改革，在自力更生的基础上积极发展同世界各国平等互利的经济合作，努力采用世界先进技术和先进设备，并大力加强实现现代化所必需的科学和教育工作。这在事实上确定了实行改革开放的伟大决策。可以说，通过进行思想路线、政治路线、组织路线和历史是非的拨乱反正，改革开放的总方针已经确立。以党的十一届三中全会为开端，中国迈开改革开放的步伐，开始走上实现社会主义现代化的新道路。

改革开放是经济特区实现跨越式发展的"基因"，也是读懂一个国家、一个民族实现命运伟大转变的"密码"。中国共产党伟大精神的创造者和践行者，总是根据时代背景和历史任务的要求，焕发出不断延展的具有鲜明时代特征的精神气象。经济特区因改革开放而

---

① 《三中全会以来重要文献选编》（上册），人民出版社1982年版，第4页。

生，因改革开放而兴。因此，改革开放是特区精神产生的时代背景。尽管党的十一届三中全会做出了改革开放的伟大决策，开启了一个新的时代，打响了中国迎头赶上的"发令枪"，但如何进行改革开放，并没有成熟的方案，只能摸着石头过河。可以说，做出改革开放的伟大决策是中国社会转型的起步，对于刚刚打开国门的中国来说，迫切需要一个推广的窗口，能让我们国家腹地生产的大量的商品走出去，也需要这么一个窗口把国外的东西引进来，同时也是要冒着极大的风险完成试点的任务。在当时的社会环境下，国家要输出的不仅仅是商品，更是一种声音，表示国家愿意打开门，迎接客人进来消费。经济特区便承担了这样的历史使命，成为改革开放的试验田、先行地和窗口。不同于一般的试验和探索，经济特区前行的道路布满荆棘，计划经济体制向市场经济体制转轨，首先面临新旧观念转变的挑战。什么是社会主义？人们对马克思主义教条化的理解根深蒂固，特区每前行一步，都会感受到思想观念强大的压力。因此，经济特区不仅要革旧的经济体制的命，更要革旧的思想观念的命。身处这样一个艰难伟大的时代，背负如此沉重的历史使命，需要一种精神的支撑，于是特区精神应运而生。

（三）走自己的路

道路决定命运。从鸦片战争到新中国成立这100多年时间，是中华民族最动荡、最屈辱的历史时期，是中国人民最悲惨、最痛苦的历史时期。中国人在苦难中觉醒和奋起，积极探索中国应该走什么样的道路、朝什么样的方向发展这个根本性问题。人们进行了很多尝试，君主立宪制、多党制、总统制都试过了，结果都行不通。中国共产党成立后又经历了一个从"走俄国人的路"发展到"走自己的路"的历程。中华人民共和国成立后，面对不太熟悉的社会主义建设，又走上了苏联人的路。但在探索实践中，苏联模式的弊端逐步凸显。毛泽东在党的八大会议上提出"以苏为鉴"，走一条比苏联更好的道路。中国共产党开始独立自主地探索一条具有中国特色的社会主义建设的道路，形成了一系列重要的理论成果。例如，论十大关系、双百方针、对中国社会主要矛盾的判断、正确处理人民内部矛盾的理论、对社会主义发展阶段的判断，等等。非常遗憾的是，这样一些光辉的成果更多存在于理论层面，没有很好地付诸实践。在实践中，发生了诸如反右派扩大化、"大跃进"、人民公社化、"文化大革命"等长达20年的"左"的错误。实际上，在探索中国社会主义建设道路的历程中，我国并未完全摆脱苏联模式的束缚，跳出对社会主义的教条化的理解，致使社会主义优越性没有得到充分发挥，经济建设遭受挫折，发展迟缓。正如邓小平所讲："坦率地说，我们过去照搬苏联搞社会主义的模式，带来很多问题。我们很早发现了，但没有解决好。我们现在要解决好这个问题，我们要建设的是具有中国自己特色的社会主义。"[1] 可以说，经历了这段历史的邓小平，对历史的教训体会尤为深刻。1982年，党的十二大召开，邓小平在开幕词中提出："我们的现代化建设，必须从中国的实际出发。无论是革命还是建设，都要注意学习和借鉴外国经验。但是，照抄照搬别国经验、别国模式，从来不能得到成功。这方面我们有过不少教训。把马克思主义的普遍真理同我国的具体实际结合起来，走自己的路，建设有中国特色的社会主义，这就是我们总结长期历史经验得出的基本结论。"[2] 社会主义远未定型，只能在实践过程中不断地探索，在此过程中使社会主义日益完善、成形。在实

---

① 《邓小平文选》第3卷，人民出版社1993年版，第261页。
② 《邓小平文选》第3卷，人民出版社1993年版，第2–3页。

践与探索过程中，必然要根据客观变化了的情况进行改革。关于这一点，恩格斯曾说过："所谓'社会主义'不是一种一成不变的东西，而应当和其他任何社会制度一样，把它看成是经常变化的改革的社会。"①

"走自己的路"就是走中国特色社会主义道路，这是改革开放初期邓小平提出的一个最有代表性的论断，也是贯穿新中国发展的一条主线。习近平强调，中国特色社会主义是改革开放以来党的全部理论和实践的主题。改革开放以来，中国共产党已召开八次党的全国代表大会。从党的十二大提出"有中国特色的社会主义"开始，中国共产党始终坚定不移地走中国特色社会主义道路，从理论和实践的结合上，不断深化对中国特色社会主义的认识，推动党和国家事业从胜利走向新的胜利。中国特色社会主义道路既不是"传统的"，也不是"外来的"，更不是"西化的"，而是我们"独创的"。社会主义在21世纪的中国焕发出强大的生机活力，"走自己的路"是最基本的逻辑前提。但是，这几个字说起来简单，做起来不易。在生活中，一个人要走自己的路，在体力和智力方面都有相当的要求。而一个发展中的大国要走自己的路，无疑需要更多的前提。邓小平在谈到建设初级阶段的社会主义时特别强调："我们现在所干的事业，是一项新事业。马克思没有讲过，我们的前人没有做过，其他社会主义国家也没有干过，所以，没有现成的经验可学。我们只能在干中学，在实践中摸索。"② 首先，要从思想上明确到底"什么是社会主义，怎样建设社会主义"。其次，要从行动上明确如何"走自己的路"。这样的问题，放在今天尚存在不小的争议，更何况在习

---

① 《马克思恩格斯全集》第37卷，人民出版社1982年版，第443页。
② 《邓小平文选》第3卷，人民出版社1993年版，第258－259页。

惯教条式理解马克思主义的时代。应该说，经济特区始于传统社会主义计划经济模式陷入困境时期，这个时期也是我国传统体制进行大变革的时期，中国现代化建设的道路仍处于未知。经济特区产生于这样一个时代，就要承担起时代赋予的历史使命，成为"走自己的路"的时代先锋。历史证明，经济特区不负重托，硬是凭借一种特有的精神，走出了一条中国特色社会主义道路。

二、特区精神形成的理论渊源

中国共产党是用马克思主义武装起来的政党，马克思主义是中国共产党人理想信念的灵魂，是中国共产党的精神旗帜。中国共产党之所以能够完成近代以来其他各种政治力量不可能完成的艰巨任务，"就在于始终把马克思主义这一科学理论作为自己的行动指南，并坚持在实践中不断丰富和发展马克思主义"[1]，而中国共产党的精神谱系作为维系党的根和魂，以独特的实践形态标明了马克思主义在中国实践中的升华路径。党的精神谱系实质上是党在不同历史阶段价值理念、理论发展和实践创新的系统，是中华民族优秀传统文化与党的政治文化有机融合的成果，是马克思主义指导中国实践的时代结晶。

（一）马克思主义基本原理是特区精神的理论之根

中国共产党历来重视对马克思主义基本原理的学习。党的十八大以来，十八届中央政治局第 11 次、第 20 次、第 28 次、第 43 次集体学习，分别以历史唯物主义基本原理和方法论、辩证唯物主义基本原理和方法论、马克思主义政治经济学基本原理和方法论、当代

---

① 《习近平谈治国理政》第 2 卷，外文出版社 2017 年版，第 33 页。

世界马克思主义思潮及其影响为主题。如此密集地将马克思主义纳入中央政治局集体学习的主题，表明习近平对马克思主义哲学、马克思主义政治经济学基本原理与方法的推崇，对当代世界马克思主义思潮的关注和重视。① 习近平指出，时代在变化，社会在发展，但马克思主义基本原理依然是科学真理。尽管我们所处的时代同马克思所处的时代相比发生了巨大而深刻的变化，但从世界社会主义500 年的大视野来看，我们依然处在马克思主义所指明的历史时代。马克思主义理论的科学性和革命性源于辩证唯物主义和历史唯物主义的科学世界观和方法论，为我们认识世界、改造世界提供了强大的思想武器，为世界社会主义指明了正确的前进方向。

精神来源于实践，实践必须有理论的指导，因此精神的产生与科学的理论是密不可分的。特区精神作为改革开放时期产生的一种精神，既是马克思主义基本原理与中国改革开放的伟大实践相结合的产物，又推动了马克思主义中国化的历史进程。二者之间的关系是互动的，特区精神是马克思主义基本原理在精神层面的体现，马克思主义基本原理是特区精神的根基所在。特区精神丰富的内涵，无不蕴含了马克思主义辩证唯物主义和历史唯物主义的理论基因。只有明确了马克思主义与特区精神的基本关系，才能深刻理解特区精神产生的理论渊源，才能在新时代更好地以马克思主义推动特区实践的发展。

一是特区精神蕴含了人民主体和意识能动性的观点。在人类社会发展进程中，马克思不但强调社会存在的决定作用，也非常重视社会意识的反作用。马克思、恩格斯指出，"历史什么事情也没有

---

① 陈金龙：《马克思主义的遵循和发展》，载《中国教育报》，2018 年 4 月 12 日。

做，它'不拥有任何惊人的丰富性'，它'没有进行任何战斗'！其实，正是人，现实的、活生生的人在创造这一切，拥有这一切并进行战斗。并不是'历史'把人当作手段来达到自己——仿佛历史是一个独具魅力的人——的目的。历史不过是追求着自己目的的人的活动而已"。① 这句话不仅阐明了人民群众是历史的创造者的基本观点，也充分说明了主观能动性的重要性。任何精神的产生都有一个主体，特区精神也不例外。那么，特区精神的主体是谁呢？毫无疑问，是创造特区辉煌成就的特区人民群众。没有特区人民群众改革开放的实践，就不可能会有特区精神的产生。面对改革开放的困局，正是特区人民群众充分发挥主观能动性，敢于破除阻碍改革开放的思想观念和条条框框，才有了改革开放伟大实践的生动演绎。从某种意义上来说，精神就是一种主观能动性，特区精神的作用首先体现在特区人民群众的主观能动性对特区实践的推动上。

二是开放包容的特区精神蕴含了马克思主义关于事物普遍联系的基本原理。恩格斯指出，"当我们深思熟虑地考察自然界或人类历史或我们自己的精神活动的时候，首先呈现在我们眼前的，是一幅由种种联系和相互作用无穷无尽地交织起来的画面"。② 马克思主义认为事物都是处在普遍联系之中。所谓联系是指一切事物和现象之间以及构成事物诸要素之间的互相影响、互相作用和互相依赖。任何事物都是一个整体，都是作为系统而存在。近代以来的世界，没有任何一个国家和民族可以不受外部世界的影响而孤立存在。事实证明，个人也好，一个团体也好，一个地区、一个民族、一个国家也好，只有全面地认识自身的内部联系和外部联系，正确地处理好

---

① 《马克思恩格斯文集》第 1 卷，人民出版社 2009 年版，第 295 页。
② 《马克思恩格斯选集》第 3 卷，人民出版社 1995 年版，第 359 页。

内外关系，不断坚持内部的改革完善，同时实行对外的交流开放，才能实现自己的健康发展。经济特区推行改革开放，正是坚持了马克思主义的这一基本原理。中国的发展也离不开世界。对外开放是我们采取的主动与世界各国接触和联系，互利互惠共同发展的方针，可以充分利用世界先进的成果，也包括利用世界上可能提供的资金、资源与技术来发展我们自己。

三是敢闯敢试的特区精神体现了马克思主义关于事物发展的基本原理。发展是马克思主义的基本观点，马克思主义的生命力也在于不断发展。恩格斯晚年针对当时有些人对马克思主义的教条式理解，反复强调他们的理论是发展着的理论，而不是一经形成就永不改变的僵死的教条。在致美国社会主义者弗洛伦斯·凯利·威士涅威茨夫人的信中，恩格斯多次指出："我们的理论不是教条，而是对包含着一连串互相衔接的阶段的发展过程的阐明。"[①] "我们的理论是发展着的理论，而不是必须背得烂熟并机械地加以重复的教条。"[②] 科学社会主义之所以能够在 21 世纪的中国焕发出生机活力，也是社会主义不断发展的结果。社会主义到底是什么？在很长的时间里，中国共产党并没有真正搞清楚，因而犯了一些错误，甚至是比较严重的错误。在对这些错误的反思中，以邓小平为代表的中国共产党人明确和树立了社会主义需要结合自身实际不断发展的信念，并以经济特区为基本载体，推行改革开放，敢闯敢试，敢为天下先，探索出了一条独具中国特色的社会主义道路，既践行了马克思主义关于发展的基本观点，也丰富和发展了马克思主义理论。

---

① 《马克思恩格斯选集》第 4 卷，人民出版社 1995 年版，第 680 页。
② 《马克思恩格斯选集》第 4 卷，人民出版社 1995 年版，第 681 页。

（二）马克思主义中国化的理论成果是特区精神的理论之脉

1938 年 10 月召开的中共六届六中全会，是一次"决定中国之命运"的重要会议，在马克思主义中国化发展史上也具有里程碑意义。就是在这次会议上，毛泽东首次系统地提出了"马克思主义中国化"的命题，马克思主义必须中国化成为全党的思想共识和集体自觉。毛泽东指出："使马克思主义在中国具体化，使之在其每一表现中带着必须有的中国的特性，即是说，按照中国的特点去应用它，成为全党亟待了解并亟须解决的问题。洋八股必须废止，空洞抽象的调头必须少唱，教条主义必须休息，而代之以新鲜活泼的、为中国老百姓所喜闻乐见的中国作风和中国气派。把国际主义的内容和民族形式分离起来，是一点也不懂国际主义的人们的做法，我们则要把二者紧密地结合起来。"[①] 历史的经验教训昭示中国共产党人：什么时间能够把马克思主义同中国具体实践有机结合起来，创造性地运用和发展马克思主义，坚持中国化马克思主义的指导，什么时间中国革命就能够得到顺利发展；什么时间做不到这一点，只是抽象空洞地照搬马克思主义的词句和外国经验，教条主义地对待马克思主义，什么时间中国革命就不能够得到顺利发展乃至遭遇惨痛失败。正是在总结经验教训的基础上，毛泽东提出了"马克思主义中国化"的命题。任何一种科学的思想理论都不是凭空产生的，都是其理论逻辑发展延续的结果。在中国共产党近百年的历史上，马克思主义与中国实际相结合产生了两次历史性飞跃，即中国化的马克思主义。前文已述，马克思主义基本原理是特区精神的理论根基。但是，作为在中国改革开放这样一种特殊的时空条件下产生的精神，

---

① 《毛泽东选集》第 2 卷，人民出版社 1991 年版，第 534 页。

马克思主义中国化的理论成果是特区精神的理论遵循。其中，毛泽东思想作为中国共产党宝贵的精神财富，是中国共产党精神谱系之脉。

毛泽东思想活的灵魂是特区精神产生的理论源泉。1981年6月，党的十一届六中全会通过的《关于建国以来党的若干历史问题的决议》讲到，毛泽东思想活的灵魂贯穿其中的立场、观点和方法，他们有三个基本方面，即实事求是、群众路线、独立自主。在纪念毛泽东同志诞辰120周年座谈会上，习近平同志发表重要讲话，强调指出：实事求是是毛泽东思想活的灵魂之一，是马克思主义的根本观点，是中国共产党人认识世界、改造世界的根本要求，是我们党的基本思想方法、工作方法、领导方法。习近平同志关于实事求是的重要论述，体现了马克思主义的根本观点，彰显了毛泽东思想的真谛。实事求是，是毛泽东同志用中国古典成语对辩证唯物主义和历史唯物主义世界观和方法论所做出的中国化概括。中国共产党人推动的经济特区实践，无不贯穿了实事求是的观点。无论是经济特区的决策和经济特区的产生，还是经济特区的探索发展，都是解放思想，实事求是的结果。同时，经济特区对中国特色社会主义的探索和实践，也是中国共产党人独立自主地走自己的道路的鲜明体现。对外开放是经济特区取得成功的重要支撑，中国共产党人在对外开放中没有丧失自我，而是很好地把原则性和灵活性结合起来，坚持了独立自主的基本立场。另外，经济特区的成果也彰显了群众路线的根本力量。群众路线是我们党的生命线和根本工作路线。中国共产党的历史充分证明了这一论断的正确性。在革命战争年代，中国共产党的重要法宝之一就是深入群众，组织群众，依靠群众，建立强大的革命队伍，最后赢得革命胜利。中国共产党成为执政党后，仍然需要坚持群众路线，依靠群众路线，发展群众路线。只有这样，党才能具有坚实的群众基础，永葆青春活力，立于不败之地。改革开放和现代化建设新时期，中国共产党在新的实践中对群众路线不断进行丰富和发展，凝聚全党全国人民的集体智慧，开辟了中国特色社会主义道路，形成了中国特色社会主义理论，确立了中国特色社会主义制度，发展了中国特色社会主义文化。经济特区作为改革开放和现代化建设的重要载体，它的成功更是群众路线的成功实践。说到底，经济特区的成功，关键在于特殊的政策释放了创新的空间，加之摸着石头过河的改革思路，赋予了特区群众敢闯敢试的勇气，并充分激发了群众改革创新的积极性和智慧。在经济特区发展的各个紧要阶段，以邓小平为代表的中国共产党人也是通过调查研究，走群众路线，才使经济特区的路越走越宽，越走越畅通。

（三）马克思主义的理论品格是特区精神的重要特质

马克思主义史就是一部创新和开放的发展史。马克思主义的产生是人类思想史上最伟大的变革，也是人类社会史上的一次最伟大的思想解放。马克思、恩格斯创立马克思主义，首先是突破前人的伟大创举。马克思、恩格斯吸收了德国古典哲学、英国古典政治经济学和欧洲三大空想社会主义学说的"合理内核"，又突破了它们时代的、阶级的局限，立足于他们那个时代、立足于当时的国际大局，创立了马克思主义。马克思主义中国化包括"以马克思主义'化'中国"和"以中国'化'马克思主义"的双向互动过程。前者"重继承"，即用马克思主义之"矢"去射中国实践之"的"，是马克思主义与中国社会变迁相结合的过程；后者"重发展"，即用中国的现代化探索丰富马克思主义，是中国风格、中国气派和中国特色的马克思主义理论形成的过程。马克思主义中国化这一互动过程彰显了马克思主义重创新、开放包容的理论品格。而这种理论品格既是特区精神的内涵和特质，也是特区精神得以产生和形成的理论基因。

中国共产党坚持马克思主义的创新性和开放性，把马克思主义和中国的具体情况相结合，实现了马克思主义的中国化，不断把中国革命、建设和改革的事业推向前进。从一定意义上说，中国共产党的事业发展的历史，就是一部不断坚持马克思主义的创新性和开放性，保持与时俱进的历史。我们坚持马克思主义的开放性，保持与时俱进，才实现了马克思主义基本原理和中国实际的第一次结合，诞生了毛泽东思想。毛泽东思想最核心的理论——农村包围城市，武装夺取政权，在当时教条主义十分严重的历史条件下，也是敢于创新的表现。马克思主义理论的这种创新基因和理论品格，贯穿中国共产党革命、建设和改革的全过程，通过中国共产党的精神薪火相传。特区精神最核心的内涵就是敢于创新，甚至经济特区的决策，就是源于中国共产党人陕甘宁边区的"特区实践"。

实际上，创新和开放包容是一个问题的两个方面。任何创新都要处理好创新和学习、吸收的关系。一个封闭的系统是很难完成创新的，创新的系统往往也是一个开放的系统。经典作家在从事理论研究的过程中，从来都不是关起门来，孤立地进行研究。正是具有这样一种开放的品质，马克思主义才能保持源源不断的创新活力。唯物辩证法的本质是革命的和批判的，革命性、批判性是马克思主义开放性的内在动力。因为这种革命性和批判性不仅仅是针对别的理论或别的事物的，而且还是指向自身的，要求马克思主义理论自身也要接受现实的批判和实践的检验，保持开放性，不断与时俱进，随着实践的发展而不断发展。当然，开放也不是囫囵吞枣，否则也难以有创新。马克思主义开放包容的理论品质，在经济特区的实践和特区精神中得到继承。我们创办经济特区，说到底就是以开放促创新。如果把经济特区完全封闭起来，看不到世界发展的大势，不能学习和吸收西方国家先进的知识、技术，创新就是一句空话。不了解现状，谈何创新？

三、特区精神形成的实践基础

马克思说："问题就是公开的、无畏的、左右一切个人的时代声音。问题就是时代的口号，是它表现自己精神状态的最实际的呼声。"① 经济特区的产生本身就是对时代问题的回应，作为改革开放的试验田和窗口，承担了先行先试的历史重担。但经济特区产生后，围绕特区的性质和特区建设的问题，形成了不小的争论。经济特区建设的历史就是在争议中艰难前行的历史，而特区精神正是在不断解决争议和建设难题的基础上形成的。因此，特区精神酝酿于一个伟大时代，更来源于伟大的实践，经济特区的建设是特区精神产生的实践基础。

（一）杀出一条血路来

"经济特区"这个概念首次见诸新闻媒体并发往全世界的时间是1979年12月29日。而我国经济特区的诞生，从法律意义上来讲，是从1980年8月26日五届全国人大十五次会议通过的《广东省经济特区条例》开始的。但实际上，经济特区从初始想法到决策，再到创办，历史是比较复杂的。纵观历史长河，中国要想发展壮大，必须打开国门，走向世界。在改革开放总设计师邓小平的众多创举中，主张创办和建设经济特区是一项非常重要的内容，甚至是最关

———————————

① 《马克思恩格斯全集》第40卷，人民出版社1982年版，第289页。

键、最核心的内容。这项举措为我国改革开放、融入世界书写了一部色彩斑斓的画卷。邓小平第三次复出后，打破了"文化大革命"期间党政领导人很少出访的惯例，先后访问了八个国家。一度"与世隔绝"的中国开始与世界接触，中国人也随着邓小平出访的电视镜头逐渐了解外面的世界。然而在过去的几十年中，中国的对外联系并不多，还受着许多条条框框的限制。1972 年，中国政府曾明确表示，中华人民共和国不允许外国人在中国投资，中国也不向外国输出资本。1974 年外贸部的一篇文章也明确表示：社会主义国家根本不会引进外国资本或共同开发本国或其他国家的资源，根本不会同外国搞联合经营，根本不会低三下四地乞求外国的贷款。邓小平深深地感到：中国经济发展水平不仅同发达国家的差距进一步扩大，而且还被一些发展中国家和地区远远甩在了后面。关起门来搞不成现代化，中国的国门必须打开。

由此可见，粉碎"四人帮"后，中国一批有远见的领导人和实际工作者，开始关注经济发展的问题，探索引进外资、技术和设备的新路。其中，如何学习和借鉴港澳经验、利用港澳同胞、海外侨胞的力量引起了有关部门的重视。1978 年 4 月，受国务院副总理谷牧委托，国家计委和外贸部联合组成港澳经济贸易考察组，对香港、澳门进行了中华人民共和国成立以来首次大规模的实地调查研究。考察的目的很明确：探索弹丸之地的港澳经济飞速发展的奥秘，吸取有益的经验。考察活动是紧张的。回到广州，考察组的领导和专家们并没有松弛一下紧张的神经，他们深知肩负的责任之重。考察组在与广东省委的领导交换意见时，毗邻港澳的"父母官"们提出了一些"大胆"的建议。考察组经过深思熟虑，几易其稿，正式写出了一份《港澳经济考察报告》，提出把靠近港澳的广东宝安、珠海划成出口基地，力争经过三年努力，把两地建设成具有相当水平的对外生产基地、加工基地和吸引港澳人的游览区。中央领导在 1978 年 6 月 3 日听取了考察组的汇报后表示"总的同意"，并要求"说干就干，把它办起来"。从一定角度来说，我国创办经济特区的思想此时已开始萌芽，尽管这时提出的"出口加工区"与后来的"经济特区"在规模、功能等方面有着显而易见的差别。

几乎与此同时，1978 年 5 月初，国务院副总理谷牧率领了一个政府代表团出访西欧五国。代表团的成员除国家部委有关人员外，不少是沿海一些省市的负责人。临出发前，邓小平找谷牧谈话，叮嘱他这次出去要学习人家的先进经验，特别是好的管理方法。访问回来，代表团又用了大半个月的时间，在北京集体总结，然后向中央政治局全体委员整整汇报了一天。1979 年 1 月，邓小平在一份香港厂商要求回广州开设工厂的来信摘报上批示："这件事，我看广东可以放手干。"这对广东省委有很大的启示和鼓舞作用。广东省委开始考虑如何能发展得更快一点的问题。经过一段时间的酝酿，广东省希望在对外经济活动中先走一步的想法逐步形成。曾任广东省委副书记的王全国回忆当时的情况说："经过十一届三中全会，感觉到不改革开放不行了。特别是从广东的实际出发，我们就分析广东的特点，提出来广东的改革开放应该先走一步。"

但怎么样开放、怎么样改革，没有人能说清楚。据广东省委原书记吴南生回忆，受香港人"自由港"建议的启发，1979 年 2 月 21 日，他给省委写了一封信，说汕头利用外资和扩大对外贸易的潜力很大，应当下放一些权力，让他们放手大干。习仲勋表示赞成，并主张"要搞都搞，全省都搞！"这种说法，体现了一种深深的忧患意识和担当，但他不知道不能全省都搞的，全省都搞不得了。最后商量，在汕头、深圳、珠海三个地方搞。当时叫什么名字一时定不下来，叫"出口加工区"？台湾有了。叫"自由港"？又不敢叫。叫作什么？广东人不敢讲特区，过去反过广东人的"地方主义"，要是说搞特区，那是不得了的事情。1979 年 4 月，在中央工作会议期间，习仲勋、杨尚昆带着广东省委的意见，向邓小平汇报。他们谈了广东经济的现状，以及广东省开放、搞活的设想。其中着重提到，省委允许在深圳、珠海、汕头划出一定地区，单独进行管理，作为华侨、港澳同胞和外商的投资场所，按照国际市场的需要组织生产，"类似海外的出口加工区"。邓小平对习仲勋、杨尚昆提出的意见表示赞同。并说："还是叫特区好，陕甘宁开始就叫特区嘛。中央没有钱，可以给些政策，你们自己去搞，杀出一条血路来。"①

这次中央工作会议以后，根据邓小平的意见，中央派国务院副总理谷牧率领中央有关部委组成的工作组赴广东、福建考察，与两省负责人一起研究两省对外开放的具体问题。1979 年 6 月 6 日，广东省委起草了《关于发挥广东优越条件，扩大对外贸易，加快经济发展的报告》。6 月 9 日，福建省委根据广东的报告也起草了《关于利用侨资、外资，发展对外贸易，加速福建社会主义建设的请示报告》。两份报告由谷牧带到北京。报告提出在深圳、珠海、汕头、厦门四地试办出口特区，特区内允许华侨、港澳商人和某些外国厂商直接投资办厂，或同他们兴办合营企业。特区的管理原则是，既要维护中国主权，执行中国法律、法令，遵守中国外汇管理和海关制度；又要在经济上实行开放政策。外商投资办厂受中国法律保护；特区需要的进口物资和出口商品实行优惠税制；外商所得的合法利

---

① 中央文献研究室编：《邓小平年谱（1975—1997）》上册，中央文献出版社 2004 年版，第 510 页。

润可按有关规定汇出；简化人员出入的手续；特区设中国银行的机构，可同中国银行港澳分行直接来往，开立账户，办理结账手续；特区的工资可高于全国的平均水平。1979 年 7 月 15 日，中央以中发（1979）50 号文件批转了两省的报告，明确提出"出口特区"先在深圳、珠海两市试办，待取得经验后，再考虑在汕头、厦门设置。广东、福建两省实行特殊政策、灵活措施，试办出口特区很快取得了显著成绩。但两省的领导同志认为，出口特区作为改革开放的产物，理所当然要广泛利用外资，引进先进的生产技术，达到发展生产，振兴经济的目的。但局限于这一点，显然是不够的，它不足以承担起我国对外开放先行先试的重任。10 月 31 日，在广东省召开的出口特区工作座谈会上，有同志提出应把"出口特区"改为内涵更加丰富的"经济特区"，这样一个名称可能与中央创办特区的初衷更为接近。"经济特区"主要包含两层意思：一方面，它是中国在经济领域进行多方面改革试验的区域，在对外经济活动中可以实行特殊的经济政策、特殊的经济管理体制和灵活的经济措施，国家将利用经济特区这个窗口，加强与世界各地的经济合作和技术交流；另一方面，经济特区与回归祖国后的香港、澳门不同，它的社会主义性质不会改变，也不能改变。

1980 年 3 月，中共中央在广州召开广东、福建两省工作会议，进一步研究出口特区的建设问题。会上，主持会议的谷牧接受了广东提出的建议，肯定了将"出口特区"改为"经济特区"的想法，并写入了会议纪要。5 月 16 日，中共中央批示：一年来的实践证明，中央决定广东、福建两省在对外经济活动中，实行特殊政策和灵活措施是正确的。两省工作有很大进展，成绩是显著的。根据两省的有利条件，党中央和国务院批示：决定在广东省的深圳市、珠海市、汕头市和福建省的厦门市各划出一定范围试办经济特区；并将办出口特区改为办经济特区。这两个字的改变意义深刻，因为出口特区是借鉴外国出口加工区、自由贸易区的模式，出发点主要是对外贸易，是单项性的开放。经济特区是综合性的，是兼工、商、住宅、旅游等事业为一体的全面开放。另外，经济特区发展的基本思路是以开放促改革，改革也是创办和发展经济特区的重要内容。1980 年 8 月第五届全国人大常委会第十五次会议正式批准了国务院提出的《广东省经济特区条例》，从法律上批准了在深圳、珠海、汕头设立经济特区。1981 年 11 月，第五届全国人大常委会第二十一次会议决定授权广东、福建两省人大及其常委会制定所属经济特区单行法规，实际上也批准了厦门经济特区的设立。中国的对外开放就这样在中国南方毗邻香港、澳门的深圳、珠海、汕头、厦门，打开了突破口。

　　"杀出一条血路"是对经济特区实践生动形象的表达，既包含了一种拓荒的魄力和勇气，更彰显了经济特区前行之路的不易。但特区人披荆斩棘，戮力前行，硬是"杀出了一条血路"。当土地使用权有偿流转还是法律"禁区"的时候，特区人敢于"吃螃蟹"，敲响土地拍卖"第一槌"，创造性地实施土地所有权和使用权相分离的制度安排，推动了我国土地使用制度的根本性改革。当股票还被一些人认为是资本主义"代名词"的时候，特区人敢于涉险滩，率先发行了新中国第一张股票，创建了证券交易所，并逐步探索构建了多层次资本市场，为我们国家的现代金融体系建设作出了贡献。当"三来一补"产业还很"吃香"的时候，特区人敢于打破既有的路径依赖，顶住经济"减速"的风险，率先发展高新技术产业，埋头推动转型升级，在创新资源极度匮乏的"科技荒漠"上建成了一片"创新绿洲"。伟大的时代孕育伟大的精神，伟大的精神成就伟大的事业。特区精神就是在成就伟大事业的实践中孕育产生的。

（二）经济特区是新的洋务运动？

经济特区的起步异常艰难。经济特区是什么？在改革开放初期的中国，大多数人还没有弄清楚。不用说经济特区的内涵，经济特区要做什么，就连"经济特区"这个概念都十分陌生。对于这样一个新生事物，一些人充满希望，一些人充满忧虑，也有人怀疑：这个东西是不是新的洋务运动啊？总之，对于兴办经济特区，一开始就存在不同意见，有些意见是十分尖锐的，在今天看来甚至都很难理解。刘田夫在改革开放初期长期主持广东省政府工作，是广东对外开放三人小组的负责人，参与了广东改革开放初期许多重大决策的制定与执行，为广东探索改革开放和在全国先行一步做了许多开创性的工作。他回忆的一件事很能说明问题。刘田夫说："记得有一次，习仲勋同志和我在北京向中央领导同志汇报工作，当我们向中央提出给广东以更大的自主权，允许我们参照外国和亚洲'四小龙'的成功经验，试办出口特区，以便加速广东经济发展建议时，想不到有一位副总理当场大泼冷水。他说，广东如果这样搞，那得要在边界上拉起 7000 公里长的铁丝网，把广东与毗邻几个省隔离开来。我们听罢，大为惊讶。很显然，他是担心国门一旦打开之后，资本主义的东西会如洪水猛兽一样涌进来，因此，才产生用铁丝网将广东与闽、赣、湘、桂诸省区隔离开来的想法。"[1] 1982 年广东、福建两省在对外开放中出现经济犯罪浪潮，又有人把问题归罪于经济特区，于是引发了新一轮对特区的非议，风言风语很多。当时全省各地，尤其是深圳特区经济快速发展，人们的生活发生了深刻的变化。

---

[1] 刘田夫：《向中央"要权"，中央要广东"大搞"》，载《南方都市报》，2008 年 11 月 7 日。

"求富"心切啊！有些人就不顾党纪国法铤而走险，更多的人是不了解党的政策，走私贩私。个别沿海地方，甚至出现了渔民不打渔，工人不做工，农民不种地，学生不上学，一窝蜂似的在公路沿线、街头巷尾兜售走私货的现象。广东省委、省政府对走私贩私的问题是有所警惕的，也采取了一些措施。1980年，广东省委、省政府就发出指示，要求坚决打击走私贩私活动。1981年又组织了两次全省性打击走私贩私的行动，遏制了大规模走私贩私浪潮。但是由于省委向中央汇报不够及时，中央对广东大规模开展反走私斗争的情况也不够了解，加之反走私经验不足，防范措施跟不上，确实还存在不少问题。① 当时，广东在全国的形象确实不怎么好，内参、传媒经常刊登广东不好的东西。上海的干部到广东出差，不许一个人上街；广东的采购员出去受监视、受审查；下火车，叫广东人站一边，其他人先出站，广东人个个搜身，怀疑走私；电视、电影也丑化广东人，说骗子和坏人都说广东普通话。

经济特区前行过程中出现的负面问题，加重了社会各界对经济特区的议论。正如邓小平所说："当时我们党内还有人采取怀疑的态度，香港舆论界不管是反对我们的还是赞成我们的，也都有人持怀疑态度，不相信我们是正确的。"② 1979年至1988年主管特区工作十年间，谷牧先后12次到深圳经济特区检查工作。经济特区初期几乎所有的重大决策，都是在他的参与下制定实施的。谷牧晚年深情地说，我是广东的党代表，因为办特区，我连党的关系都转到了广东。由此，谷牧被誉为"特区建设的总工程师"。他的遭遇也非常能

---

① 《1982年差点过不了关——任仲夷口述广东改革开放历程》，载《南方都市报》，2013年3月20日。
② 《邓小平文选》第3卷，人民出版社1993年版，第239页。

说明创办特区的难度，尤其是政治氛围方面的。1982年，中央将广东、福建两省的负责人召集来，专门讨论经济犯罪问题。在中央决定下发"打击走私贩私"的文件时，有位领导同志建议在发这个文件时附一个材料。"什么材料？"谷牧问。对方说是《上海租界的由来》。"那是什么意思呢？"谷牧问道。对方没有正面回答，只是说，道台糊涂，搞了个上海租界。谷牧说："不对，如果只是道台糊涂，那么政府撤了道台不就成啦！我看上海租界的问题，主要是清朝政府的腐败无能。"对方依旧没有正面解说这个问题，只是坚持说：还是附上这个材料，有好处。含沙射影地认为经济特区就是清末上海的租界。谷牧后来回忆说：他当时的压力也很大，本该进入草木芳菲阳春季节的经济特区，却有点风雨萧瑟的味道。"街头巷尾那些是是非非的议论随它去，我还是要坚持把这桩事向前推进。"①

邓小平在20世纪80年代初期曾谈到，"从一九五七年下半年开始，实际上违背了八大的路线，这一'左'，直到一九七六年，时间之长，差不多整整二十年"。② 无论是从思想观念的根深蒂固来说，还是从长时期"左"的路线的巨大惯性来说，经济特区在创办和发展过程中的遭遇也是意料之中的事情。甚至可以说，如果经济特区的发展是一片坦途，似乎既不太符合一个新生事物发展的轨迹，又不符合人们对新生事物的认识规律，也不符合经济特区所肩负的历史使命。对于新事物，存在争议是正常的，有些争议或者批评在某种程度上还可以让新事物减小成长的代价。新事物在一种充满争议的环境中能否顺利成长，关键在于新事物本身对于争议采取何种态

---

① 《谷牧为办经济特区曾将党组织关系转到广东》，载《南方日报》，2010年8月25日。

② 《邓小平文选》第3卷，人民出版社1993年版，第253–254页。

度。可喜的是，经济特区并没有在争议中沉沦，而是摒弃不必要的争论，以"实干家"的精神风貌闯出了一番新天地。

（三）建立经济特区的政策是正确的

邓小平为什么要在1984年春节前后到特区视察？应当说，最主要的问题是经济特区这个决策到底对不对？特区还要不要办下去？中国共产党人讲实事求是，实践是检验真理的唯一标准，经济特区到底怎么样，面对一波未平一波又起的争论，邓小平决定亲自走一趟。1984年是改革开放的第六个年头，也是实施经济特区政策的第四个年头。自1979年邓小平等中央领导支持创办经济特区以来，经济特区特别是深圳特区，按照自身的发展逻辑，取得了巨大的建设成绩。到1983年，深圳已和外商签订了2500多个经济合作协议，成交额达18亿美元。与1978年相比，1983年深圳工农业总产值增长11倍，财政收入比办特区前增长10倍多，外汇收入增长两倍，基本建设投资比中华人民共和国成立后30年的总和增加20倍。① 但是，当时面临的问题是，围绕经济特区的是非和议论很多，经济特区本身也反映出自身发展遇到很大的困难。

首先，经济特区在发展中遇到了不少困难。曾担任过中纪委副书记的章蕴不顾77岁的高龄，以中央顾问委员会委员的身份，多次给邓小平和胡耀邦写信，反映她在广东调研时看到的特区面临的困难。1982年12月20日，章蕴在第二封给胡耀邦并转邓小平的信中说："当地干部群众希望我们在各方面工作中，要继续清除'左'的影响，把手脚再放开一些，加速改革不合理的经济体制，对行之有效的政策要保持稳定性，不要多变。"信中呼吁，对制止滥发奖金

① 张宝忠：《早春的气息——一九八四年邓小平同志视察南方纪事》，载《解放军报》，2018年8月15日。

不要搞"一刀切"，不要搞成"有限制的多劳多得"，以致挫伤了职工的积极性。邓小平看了胡耀邦转给他的这封信后，对广东地区的这种动态很关注，12月22日马上作出批示："可印发政治局、书记处各同志。"1982年12月31日，章蕴第三次给胡耀邦、邓小平写信，反映广东在对外开放中实行特殊政策、灵活措施效果很好，"但要循此继进，则困难重重"。问题主要是，一年多来特别是1982年以来，上缴任务一再加码，"条条"限制日益增多，弄得广东特殊、灵活余地越来越小，步子越来越迈不开。1983年1月1日，胡耀邦圈阅了这封信。邓小平在1月3日作出批示："这个情况应该引起重视，请国务院财经小组一议。"①

其次，党内舆论也有不少对经济特区的非议。虽然创办经济特区是中央的决策，但并不意味着党内对经济特区的意见是一致的。部分领导人对经济特区的看法，除了观念的因素外，还会受到社会舆论的影响。1984年，我国的改革开放遇到了一些困难和问题，特别是围绕特区经济建设的是非，社会上出现了一些议论，党内对此也出现了不同意见。一些人把经济特区工作上的失误看得比较重，性质上也定得不当，还有一些人则用旧中国的租界问题影射经济特区。一时间，人们的思想起了混乱，从事特区工作的同志有的顾虑重重，工作放不开手脚，推动缓慢。所有这一切，都使邓小平特别关心特区问题。1984年春节前夕，为实地看看牵挂已久的特区问题，邓小平提议到广东亲自去看一看。刚到深圳时，他也说："办经济特区是我倡议的，中央定的，是不是能够成功，我要来看一看。"其实，党内对经济特区的不同意见，是导致经济特区发展困难的原

---

① 蒋永清：《1984年首次深圳特区行》，载《广安日报》，2017年6月21日。

因之一，要消除党内舆论不一致的问题，必须对经济特区总体的发展情况做出判断，分清主流和支流的问题。就经济特区来说，新事物的发展难免出现问题，但这些问题是不是在允许的范围之内，通过改革或者其他措施能不能消除，这些都需要在调查的基础上，做出合适的结论。

1984 年 1 月 24 日，邓小平的专列抵达了深圳。那个时候，广东面临的压力很大，因此广东省委的领导同志急切期待听到邓小平的表态。但邓小平暂时没有发表意见，他需要先仔细地看一看。刘田夫后来回忆说："1984 年，邓小平亲自到了深圳，他们向邓小平汇报，汇报特区建设的过程，汇报了 40 分钟，小平同志一句话也没说，他中间不插话的，一句话都没插过。到最后了，汇报完了，小平同志就提出来一个问题，因为汇报过程当中，就讲，他们有个想法，就想发行经济特区的货币。听完了之后，小平同志就提出一个问题，什么问题呢？说你们如果要发行特区货币，你们考虑过没有，特区货币会不会对人民币有什么冲击？"梁灵光的回忆也印证了这一点。他说："后来梁湘陪他参观正在修建的国贸大厦，到了旁边国商大厦的楼顶上，看到了整个深圳新发展的情况。看到发展的那么迅速，他是比较满意的。但是，没有专门作讲话。当时他不大讲话，讲得不多。小平同志当时看东西，一般地不轻易表态，在没有考虑成熟之前，他都不发表意见，所以我们也理解这个情况。邓小平还看了一个渔民村，三四十户人家，原来是很贫困的，当时都富起来了，每家都盖了新房子，小平同志看了后很满意，又去看了个电子工厂。"

1984 年 1 月 26 日，邓小平一行来到了珠海。当时珠海经济特区刚刚起步，但建设的规模已初步拉开，基本上已可以看出一个大致的轮廓。看到整个珠海处在一个生机勃勃的局面，邓小平不再沉默，他欣然提笔为珠海经济特区题词"珠海经济特区好"，这给了珠海人极大的鼓舞。深圳那边知悉邓小平为珠海题词后，非常着急，第一时间打电话询问张宝忠和孙勇："为什么没给我们深圳题词呢？"

与此同时，深圳市领导决定派接待处处长张荣同志直达广州，当面请求小平同志为深圳题词。经过几天的视察，邓小平感到也可以为经济特区做结论了。于是，他在为深圳特区的题词中写道："深圳的发展和经验证明，我们建立经济特区的政策是正确的。"在书写日期的时候，小平同志手中的笔没有丝毫停留，顺畅地写上了"一九八四年一月二十六日"。要知道，当天可是 2 月 1 日。这是所有人都没有料到的，但那流畅的笔锋和圆润的字体分明已经告诉人们：原来小平同志早已心中有数，他老人家对深圳工作不只是满意，而是非常满意。张荣捧起这幅题词时，手都有点颤抖，他只说了一句"谢谢首长"，就兴奋地拿着墨迹未干的题词奔出门外。他知道，两天来深圳的领导一直守候在电话机旁，现在他要第一时间把这个好消息告诉各位领导同志，告诉深圳人民。① 这既是对深圳发展经验的肯定，也是对整个经济特区政策的肯定。1984 年 2 月 8 日，邓小平来到了厦门。厦门作为四个经济特区之一，批准开发的时间比深圳、珠海晚一年，因此它的建设速度比广东慢了一些。邓小平为厦门经济特区的题词是"把经济特区办得更快些，更好些"。这是对厦门经济特区的鼓励，也是对厦门经济特区的鞭策。

邓小平在结束了深圳—珠海—厦门的特区之行后，于 1984 年 2 月 11 日至 16 日又视察了上海。在听取中共上海市委负责人的工作

---

① 张宝忠：《早春的气息——一九八四年邓小平同志视察南方纪事》，载《解放军报》，2018 年 8 月 15 日。

汇报时，他谈到了对经济特区的感受。他说："我这次看了几个特区，看了几个饭店。现在看，开放政策不是收的问题，而是开放得还不够。现在我们的建筑体制，特别是住宅的建设，住房商品化，一下子还改不过来。我们的建筑施工速度慢得很，像蜗牛爬。我看深圳蛇口因为采取责任制，建筑速度快，几天一层楼。建筑队伍还是那些人，只是办法改了一下。我们的一些制度要改，吃大锅饭不行。"1984年2月24日，回到北京的邓小平同几位中央负责同志谈了他这次南方之行后的一些重要的思考。这一次，他一口气讲了很多。他说："最近，我专门到广东、福建，跑了三个经济特区，还到上海，看了看宝钢，有了点感性认识。今天找你们来谈谈办好经济特区和增加对外开放城市的问题，请大家讨论一下。"① 他强调："我们建立经济特区，实行开放政策，有个指导思想要明确，就是不是收，而是放。"② 接着，他畅谈了在深圳的观感："这次我到深圳一看，给我的印象是一片兴旺发达。深圳的建设速度相当快，盖房子几天就是一层，一幢大楼没有多少天就盖起来了。那里的施工队伍还是内地去的，效率高的一个原因是搞了承包制，赏罚分明。深圳的蛇口工业区更快，原因是给了他们一点权力，五百万美元以下的开支可以自己作主。他们的口号是'时间就是金钱，效率就是生命'"。③ 由此，他总结说："特区是个窗口，是技术的窗口，管理的窗口，知识的窗口，也是对外政策的窗口。从特区可以引进技术，获得知识，学到管理，管理也是知识。特区成为开放的基地，不仅在经济方面、培养人才方面使我们得到好处，而且会扩大我国的对

---

① 《邓小平文选》第3卷，人民出版社1993年版，第51页。
② 《邓小平文选》第3卷，人民出版社1993年版，第51页。
③ 《邓小平文选》第3卷，人民出版社1993年版，第51页。

外影响。听说深圳治安比过去好了，跑到香港去的人开始回来，原因之一是就业多，收入增加了，物质条件也好多了，可见精神文明说到底是从物质文明来的嘛！"① 他指出："厦门特区地方划得太小，要把整个厦门岛搞成特区。这样就能吸收大批华侨资金、港台资金，许多外国人也会来投资，而且可以把周围地区带动起来，使整个福建省的经济活跃起来。厦门特区不叫自由港，但可以实行自由港的某些政策，这在国际上是有先例的。只要资金可以自由出入，外商就会来投资。我看这不会失败，肯定益处很大。"② 他还提出了进一步开放沿海港口城市的意见，他说："除现在的特区之外，可以考虑再开放几个港口城市，如大连、青岛。这些地方不叫特区，但可以实行特区的某些政策。我们还要开发海南岛，如果能把海南岛的经济迅速发展起来，那就是很大的胜利。"③

邓小平的这次重要谈话极大地推动了中国对外开放的进一步发展。1984 年 3 月 26 日至 4 月 6 日，中共中央、国务院在北京召开沿海部分城市座谈会。会议最后形成了《纪要》，提出了进一步开放天津、上海、大连、秦皇岛、烟台、青岛、连云港、南通、宁波、温州、福州、广州、湛江和北海 14 个沿海港口城市，作为中国对外开放的新的重要步骤的意见。5 月 4 日，中共中央、国务院批转了会议的《纪要》。这样，进一步开放沿海 14 个港口城市的重大举措正式启动。

随后，进一步开放开发海南岛的设想也提上了中央的议事日程。1987 年 6 月 12 日，邓小平在会见南斯拉夫共产主义者联盟中央主席

---

① 《邓小平文选》第 3 卷，人民出版社 1993 年版，第 51－52 页。
② 《邓小平文选》第 3 卷，人民出版社 1993 年版，第 52 页。
③ 《邓小平文选》第 3 卷，人民出版社 1993 年版，第 52 页。

团委员科罗舍茨时，正式对外透露了中国要建立海南经济特区的消息。他说："我们正在搞一个更大的特区，这就是海南岛经济特区。海南岛和台湾的面积差不多，那里有许多资源，有富铁矿，有石油天然气，还有橡胶和别的热带亚热带作物。海南岛好好发展起来，是很了不起的。"① 1988 年 4 月，第七届全国人民代表大会第一次会议通过了国务院提出的《关于设立海南省的议案》和《关于建立海南经济特区的议案》。海南作为中华人民共和国第 31 个省，同时作为中国最大的一个经济特区终于出现在世人的面前。海南经济特区的建立，使沿海地区的对外开放，最终形成了从南到北连接在一起的广阔地带。中国的对外开放由此进入了一个新的发展阶段。

邓小平说，"建立经济特区的政策是正确的"，这是根据特区的实践所做出的结论。1984 年，尽管经济特区还处于舆论的漩涡中，但已经在实践中初步展示出了勃勃生机。实际上，让邓小平欣慰的不仅仅是特区建设所取得的经济成就，更是"三天一层楼"的特区速度所蕴含的精神风貌。物质层面和精神层面的双重成就，坚定了以邓小平为代表的改革开放第一代拓荒者的坚定信念。

中国共产党人把真理和理想的力量转化为人格的力量，是通过具体实践来实现的，这就使党的精神谱系中的每一种精神都以立体的方式呈现出来。从理念和实践的关系角度讲，每种精神的内涵虽然是被概括出来的几个特定概念，但每个概念都不是随意加上去的，而是从大量看得见、摸得着、感受得到的具体人物事件或重大决策过程中抽象出来的。习近平指出："一种价值观要真正发挥作用，必须融入社会生活，让人们在实践中感知它、领悟它。要注意把我们

---

① 《邓小平文选》第 3 卷，人民出版社 1993 年版，第 239 页。

所提倡的与人们日常生活紧密联系起来，在落细、落小、落实上下功夫。"① 生动具体的党的精神谱系，无一不是落细、落小、落实的历史存在，因而才可能汇成为后人长久感知和领悟的精神河流，精神因为实践才显得有血有肉。经济特区创办初期，可谓一波三折。正如吴仁宝所说，一个人做事，总是要面对各种批评，如果太在意这些批评，就没办法干事。幸运的是，以邓小平为代表的共产党人，没有被外界的聒噪声打乱步伐。凭借一种实干的精神，以事实说话，克服重重困难，负重前行，生动演绎了春天的故事。英国四十八家集团俱乐部主席斯蒂芬·佩里表示，中国取得今天的成就，在于能够在极其复杂的国际环境中始终坚持自己的发展道路，不畏艰险并不断开拓创新。特区精神是在这样一种充满争议而又无所畏惧的实践中产生和形成的。因此，特区精神具有厚重的实践属性。

四、特区精神形成的精神源泉

特区精神的产生既有实践基础，也离不开伟大精神的浸润。习近平深刻指出："我们党领导的革命、建设、改革伟大实践，是一个接续奋斗的历史过程，是一项救国、兴国、强国，进而实现中华民族伟大复兴的完整事业。"② 中国共产党领导全国各族人民进行中国革命、建设、改革的历史进程，是一个历史发展的连续过程，而不是一个断裂、分离和互不相关的过程。这种实践上的接续性和完整性，决定了不同阶段所产生的伟大精神具有很强的承继性。作为改

---

① 《习近平在中共中央政治局第十三次集体学习时强调把培育和弘扬社会主义核心价值观作为凝魂聚气强基固本的基础工程》，载《人民日报》，2014 年 2 月 26 日。

② 习近平：《在纪念毛泽东同志诞辰一百二十周年座谈会上的讲话》，载《人民日报》，2013 年 12 月 27 日。

革开放时期产生的一种精神，特区精神是中国共产党在革命、建设时期形成的伟大精神，在新的时代的发扬和传承。

（一）从"坐标"到"精神谱系"

2016 年 10 月 21 日，习近平在纪念中国工农红军长征胜利 80 周年大会上的讲话中指出："人无精神则不立，国无精神则不强。精神是一个民族赖以长久生存的灵魂，唯有精神上达到一定的高度，这个民族才能在历史的洪流中屹立不倒、奋勇向前。"① 中国共产党自成立以来历经血与火的洗礼积淀而成的政党精神，铸成自身的金刚不败之身。何为政党精神？邢洪儒认为，中国共产党的政党精神是在长期的革命、建设和改革的实践基础上形成、发展起来的，是党的性质与宗旨的最本质、最深刻的体现，是共产党人集体和个体在心理特征、思想情感、精神境界、信仰追求、意志品格、先进行为等方面的综合反映，具有整合组织、凝聚人心、鼓舞斗志、动员群众、坚定信念、战胜困难，保持党的先进性的重要功能。② 政党精神蕴含着一个政党的根本价值观念，彰显着一个政党的基本历史形象。

恩格斯说过："历史从哪里开始，思想进程也应当从哪里开始，而思想进程的进一步发展不过是历史过程在抽象的、理论上前后一贯的形式上的反映；这种反映是经过修正的，然而是按照现实的历史过程本身的规律修正的。"③ 毛泽东也做出"自从有了中国共产党，中国革命的面目就焕然一新了"的论断。因此，1921 年，在红

---

① 《习近平谈治国理政》第 2 卷，外文出版社 2017 年版，第 47 – 48 页。
② 邢洪儒：《党建学科建设的新视野、新理念和新要求》，载《贵州社会科学》，2008 年第 12 期，第 9 – 11 页。
③ 《马克思恩格斯选集》第 2 卷，人民出版社 1972 年版，第 122 页。

船上结束的中共一大南湖会议，不仅宣告了中国共产党的诞生，也是其精神的逻辑起点。中国共产党区别于其他政党的一个显著标志，是在近一个世纪的风雨征程中，领导人民熔铸锻造了许多惊天地、泣鬼神的伟大精神，由此去感召和凝聚最广大群众，形成强大的力量，指引人民开拓前进。中国共产党的革命、建设和改革的历史长河都极其波澜壮阔、光辉灿烂，在长期革命、建设和改革实践中培育的革命精神极其丰厚多元、鼓舞人心。中国共产党的政党精神是自身所具有的、历经万般磨难、千锤百炼而成的本质规定，世界上任何政党既无法复制，也无法效仿。

习近平在参加十三届全国人大一次会议山东代表团审议时深刻指出："红色基因就是要传承。中华民族从站起来、富起来到强起来，经历了多少坎坷，创造了多少奇迹，要让后代牢记，我们要不忘初心，永远不可迷失了方向和道路。"[1] 红色精神永世不忘，红色基因代代相传。红船精神、井冈山精神、苏区精神、长征精神、延安精神、抗战精神、大庆精神、焦裕禄精神、载人航天精神、抗洪精神、抗震救灾精神等，是中国共产党在近百年风雨征程中艰辛孕育的伟大精神，共同构成了中国共产党人的红色精神谱系。从历史和实践的角度讲，中国共产党的伟大精神由一个个鲜明具体的"坐标"组成，每一个精神都是一个"坐标"，进而形成了一个可以长久涵养后人的"精神谱系"。这个精神谱系炫目多彩，前后相接，多以地点、事件或代表人物命名，已经或正在命名的就有数十种。中国共产党人的精神谱系，犹如鲜活生动的历史链条，把中国共产党产生于不同时代的伟大精神串接起来，展示出来。特区精神既是这

---

[1] 《红色基因要代代传承：永远不可迷失方向和道路》，载《青岛日报》，2018年3月9日。

个谱系中的一个重要坐标，其产生也是中国共产党精神谱系和链条进一步延展的结果。为什么中国共产党精神长河中的各个"坐标"能成为一个精神谱系？是血脉使然。特区精神延续了中国共产党的精神血脉，是中国共产党精神在改革开放时期的承继和弘扬。

（二）遗传基因和精神密码

特区精神作为中国共产党精神谱系中一个具体的"坐标"，并不是孤立存在的。实际上，中国共产党各种精神之间具有相通相融的共性，有基础性的思想内核，有一以贯之的理念内容。例如，在中国共产党正式概括的各种精神当中，理想信念、实事求是、艰苦奋斗、甘于奉献、勇于担当出现的频率最高，在红船精神、井冈山精神、苏区精神、长征精神、延安精神、大庆精神、焦裕禄精神、"两弹一星"精神、载人航天精神、劳模精神中，都有相同或相近的表述，因而属于中国共产党精神谱系中的基础内容，或者说是中国共产党精神的精髓所在。"红船精神"是革命时代的产物，同时也是贯穿革命时代、建设时代、改革开放时代的红色传统。这种恒久的时代价值是由精神的内在品质决定的，也就是上述时代内涵反映出来的人民性、先进性、创新性、坚韧性等特点。

那么，特区精神与其他精神之间有何种关联？应该说，在特区精神的身上具有鲜明的遗传基因和精神密码。这种遗传基因来自何处？自然是中国共产党在革命和建设过程中所产生的一系列伟大精神。例如，对比抗日战争时期以延安为中心的中共"陕甘宁边区"即"特区"所创立的以艰苦奋斗、全心全意为人民服务、密切联系群众、理论联系实际、不断开拓创新、实事求是的精神为主旨的"延安精神"，我们不难发现：经济特区"不畏艰险、敢于牺牲的拼搏精神"正是延安时期"艰苦奋斗精神"的细化和再现；经济特区

"顾全大局、对国家和人民高度负责的奉献精神"正是延安时期"全心全意为人民服务精神"的延伸与拓展；经济特区"空谈误国、实干兴邦的创业精神"和"敢闯敢试、敢为天下先的改革精神"更是延安时期"实事求是、理论联系实际、不断开拓创新的精神"在当代的落地与接轨。同时我们更深切地意识到，"特区精神"远比"延安精神"更具世界胸怀和时代自信。这是"延安精神"创造者之喜，也是"特区精神"接力者之荣！① 如果说"陕甘宁边区"是中国共产党基于民族大义，为抗日民族统一战线的建立而摒弃国共政治前嫌，为了人民解放和国家独立冲破国民党政治打压、军事围堵和经济封锁而被迫闯出的"特区"，那么，"经济特区"则是中国共产党不再纠缠于"姓社""姓资"的争论大胆探索中国特色社会主义道路，为了人民富裕和国家富强而自觉设立的"特区"。二者时代不同、背景各异，但"实事求是""敢想敢干、敢为天下先"与"杀出一条血路"的"精神"是相连的，使命是传承的。回望革命战争年代，陕甘宁特区犹如精神灯塔，为夺取革命胜利、建设新中国立下了不可磨灭的功勋；进入改革开放时代，特区精神穿越时空、一脉相承，改革之火燃遍神州，大地处处万物复苏。延安精神是怎么产生的？从精神传承的角度来看，延安精神又是井冈山精神、长征精神的继承和发展。而井冈山精神、长征精神的根脉又在于红船精神，红船精神是中国共产党精神之源、精神根脉。正因为有根有脉，中国共产党在革命时期形成的一系列伟大精神，能够穿越时空，在社会主义建设时代和改革开放时代得以传承。

党的十九大闭幕仅一周，习近平总书记就带领中共中央政治局

---

① 蔡新华：《特区精神是延安精神在新时代的传承和激扬》，载《珠海特区报》，2016年3月12日。

常委专程从北京前往上海和浙江嘉兴，瞻仰中共一大会址和南湖红船，回顾建党历史，重温入党誓词，勉励全党同志不忘初心，牢记使命，永远奋斗。红船精神是开天辟地、敢为人先的首创精神，是坚定理想、百折不挠的奋斗精神，是立党为公、忠诚为民的奉献精神。首创精神是动力之源，奋斗精神是胜利之本，奉献精神是执政之基，这是习近平总书记通观中国近现代历史进程对红船精神所做的精准概括。红船精神的实质是伟大的建党精神，是中国共产党人在创建党的伟大实践中所形成的一种革命精神，它贯穿中国革命、建设和改革的伟大历程，为我们提供了取之不尽、用之不竭的强大力量。红船精神是中国共产党革命精神之基。红船精神形成之后，在革命战争时期形成的井冈山精神、苏区精神、长征精神、延安精神、西柏坡精神等，在社会主义建设时期形成的"两弹一星"精神、雷锋精神、铁人精神、焦裕禄精神等，在改革开放时期形成的抗洪精神、抗击"非典"精神、抗震救灾精神、载人航天精神等，无不与红船精神存在着直接的渊源关系，红船精神所承载的首创精神、奋斗精神、奉献精神，彰显了超越时空的永恒价值，成为一代又一代共产党人接续奋斗的精神底色，构成了中国共产党革命精神的基因与内核，并成为其传承的动力之源，始终激励、推动着党的发展壮大。

时空变迁，精神永恒。从 1921 年到 1978 年，从 1978 年到 2018 年，从南湖之上到南海之滨，"特区精神"是"红船精神"在中国特色社会主义实践中所演绎出的美丽风景，特区精神是红船精神在改革开放这样一种新的时代背景下的承继。在红船精神引领下，根植经济特区建设的伟大实践，经济特区培育并形成了敢闯敢试、敢为人先、埋头苦干的特区精神。特区精神具有鲜明的首创、奋斗、

1921 年 7 月，中国共产党第一次全国代表大会在浙江嘉兴南湖的一艘丝网船上完成了大会议程，宣告了中国共产党的诞生。图为浙江嘉兴红船。

奉献的优良基因，体现了特区精神和红船精神之间继承性与创新性、实践性与时代性的高度统一。特区精神与红船精神同源同质同向，新时代继承和弘扬红船精神，实际上就是以特区精神引领前行，加快建设美好新特区。

五、特区精神形成的文化底蕴

文化和精神是什么关系？广义上说，精神是文化的一个层面，是文化的内核。狭义上讲，文化是行为方式，精神是思维方式。精神在文化的土壤内成长，贯穿文化始终。既然文化是精神成长的土壤，土质不同，精神自然会有所差别。俗话说，百里不同风，千里不同俗。早在先秦时期，中国文化的地域性差异就已经十分明显。中国的经济特区主要分布在广东、福建和海南三地。这三地独特的文化底蕴对特区精神的产生势必有较大的影响。

（一）崇商重利的岭南文化

广东得天独厚的地理条件，使它自古以来就是对外贸易的重要窗口。据考证，秦朝伊始，番禺（广州）已是重要的对外贸易港口，是 2000 多年前中国"海上丝绸之路"的起航站。唐宋时代广东已经成为我国重要的对外贸易区，以珠江三角洲、韩江三角洲为中心向外辐射，特别是清中叶以后，随着国际市场对茶叶、丝绸需求量的增加，刺激了当地商品经济的发展，除广州、佛山两大商埠外，潮汕商人的足迹，"上沂津门，下通台厦"，远至新加坡、暹罗一带，形成了当时商业系统著名的"潮州帮"（潮商）和"广东帮"。商品经济的发展，铸造了讲求实利实惠，偏重商业的文化倾向。

岭南地理环境不但深刻地影响人类物质文化的特质和风格，也在精神文化各个层面留下深深的印记。岭南处于独特的历史地理位置，具有明显的区位优势，是"海上丝绸之路"的发祥地，有悠久的对外开放历史，自古就有来自中原地带的移民不断涌入，明清以后又出现了澳门和香港等特殊地域，更使它成为中西文化的交汇地。近现代岭南文化在上述背景下具有了多元的形态，即以汉文化为主体，南越本土文化为基础，并吸收了海外文化而形成多元文化体系。该体系虽然有粤、闽、客三大民系的文化特质，但按地域结构主要有几大板块，大体可分为粤东、八桂、港澳及海南等几个子文化，而以粤东的广府文化、潮汕文化、客家文化及港澳文化为主体。岭南文化内部各板块的关系是不对等的，虽是同一地理单元，但政治、经济、文化都以珠江三角洲为龙头，形成穗、港二元中心。广西是粤港澳的第一腹地，20 世纪 30 年代中期，广东移民（土白话人、客家话人、潮汕话人）至少占广西总人口的二分之一以上。粤港商人遍布广西，故有"无东不成市"的谚语。

商业文化是岭南文化中相当重要而最具特色的部分，包含了洋务文化、买办文化、商业文化、华侨文化等方面的丰富内容。近现代岭南商业文化的主要载体是粤籍商人，其构成在地域上有广府、潮汕、客家三大板块，在形态上有粤地商人、外地粤商、香港粤商及国外粤商等四类。他们在吸收外来因素的同时又保留了自身的传统，形成了独特的企业文化，而不是简单地照搬外国的东西。在社会关系网络中，表现出和睦友爱、守望相助、重礼尚义的人文精神。由此而促成了岭南商业文化的多方面和多层次，体现出一种典型的中西融合特色，其内涵具有开放、交融、包容的态度；变革、创新、进取的气质；诚信、团结、凝聚、讲义气的观念；先进的经营理念，精明、灵活的作风；趋利务实、讲求实效的理性；合作互助、联号经营、编织经销网络；爱国爱乡、热心社会慈善福利事业等，故能汲取国外先进的物质文明，同时又对内产生较强的辐射力。

近现代岭南文化的历史地位和作用主要表现在：具有先进性，形成向北辐射的格局，在洋务运动、戊戌变法和辛亥革命中，都提出了新的思想武器，既是近代中国民主革命的策源地，又是当代改革开放的先行地；具有创新性，在政治、经济、思想、社会生活方式等诸多领域开风气之先。尤其是广东，因受西方风气熏染较早和毗邻港澳，商品经济因素活跃，在近代观念传播和发展实业方面有着先天的优势。近代西方资本主义新事物、新观念转入香港，很快即被粤人感知，并传递到内地，引导时代潮流，形成广泛而深远的影响。20世纪30年代两广的"模范省"建设都曾名噪一时；具有开放性的岭南商业文化是近代中国商业文化的主要源泉之一，富有海洋文化的特质，崇商重利，冒险进取，内外开拓。近现代岭南商业文化对内产生辐射力的重要原因在于粤籍商人的实力，以粤港华资金融为核心的"华南财团"财力雄厚，外地粤商社团组织活动能量相当大，不论是对先进的大都市上海，还是内地一般城市，都具有广泛而深远的影响。这主要表现在：引领新潮，开风气之先，强调"实业救国"的爱国理念，创办的大量企业成为所在地粤商经济力量的一种象征；与孙中山等民主革命派关系密切，是近代资产阶级民族主义运动中最重要的势力之一；适应性强、融合与扎根于各地所创建的各类企业、培养的各类人才、新产生的社会习俗等，丰富了所在地的文化内涵，推动了中国近代化的进程，亦遗留了宝贵的物质文明和精神文明财富；香港、澳门是近现代中西文化交流的桥梁，在华侨华人活动、海外移民及中外贸易等方面，都发挥了突出的作用。

（二）爱拼才会赢的闽南文化

闽南是福建南部泉州、漳州和厦门的总称。福建上古时代就被称为"闽"。汉武帝平闽之后，闽地空虚，给了汉人发展以巨大空间。宋元时期，借助当时城市的开放，泉州成为"海上丝绸之路"的起点，是和埃及的"亚历山大港"齐名的世界性大港。这个时期，闽南人开始大量向外扩张，最终形成今天闽南人的分布格局。闽南民系族群是古代中原汉人多批次大规模入闽，并与当地闽越遗民逐渐融合而成的。从中原带来的黄土文化与闽越人"善舟船"的海洋文化相结合，形成闽南文化的基础。宋元时期，频繁的对外交流使得闽南文化又融合了伊斯兰文化、印度文化和欧洲文化等文化元素。近代以来，闽南文化继续接纳异质文化，不断获得更新和发展，成为一种开放性和兼容性极强的文化类型。

闽南文化是中华传统文化的一个组成部分，中华文化的包容性、统一性、乡土情谊、家族本位和崇儒重德等典型特征，在闽南文化中都有体现。但闽南文化不仅包含了崇儒拜祖、家族经济、乡土情怀、习俗传承、自强不息等传统文化的重要元素，而且具有自身典型的特色。闽南社会形成的历史背景和远离中原的地理环境，锻造了闽南人性格中的延展性、进取性和开放性。这是闽南文化对中华文化的一种延伸和创新。因此，就有了别具特色的闽南家族制度、遍布闽南各地的丰富的民间习俗信仰、闽台之间千百年来的同胞情谊、闽南人拓殖海外的世界眼光和深刻的商务理念。闽南人既能海纳百川，又勇于搏击浪尖；既追求中庸和合，又敢于推陈出新；既有浓厚的乡土观念，又积极向外寻求拓展；既崇尚名义，又敢于逐利。闽南文化的重拼搏、敢开拓、善机变、恋乡谊、崇正统、乐教育的理念，极大地丰富了中华文化的内涵。

尤其要指出的是，闽南地区是一个移民社会。移民特性促使闽南人为了生存产生拼搏意识。古代闽越人在恶劣环境中的抗争精神也融入闽南文化中。在闽南地区，这种拼搏精神不仅体现在男子身上，它也深深流淌在女子的血液中。宋元以降，闽南地区成为古代世界著名的通商大港，闽南人的视野因之更加开放。他们漂洋过海，在世界各地不断开辟生存空间。他们不满现状，勇于进取，敢于冒险，百折不挠。"三分天注定，七分靠打拼""靠自己的骨头长肉"正是这种精神的写照。

（三）开放包容的海南文化

开放包容既是海南历史发展的精神凝练和总结提升，更是海南的一种文化心态、精神气质和价值追求。首先，得天独厚的区位优势养成了海南特有的开放包容精神。开放是岛屿经济体的生命线。环顾世界成功的岛屿经济体，无不以开放为发展之基，而包容则是开放成功的必要条件。海南位于华南和西南陆地国土和海洋国土的结合部，既是大西南走向世界的前沿，又是开发利用南海资源的基地；近傍香港，遥望台湾，内靠我国经济发达的珠三角，外邻亚太经济圈中最活跃的东南亚。这样的地理位置优势和广泛的区域交往，使海南拥有博大胸襟，具有宽广视野，具有包揽八面来风、吸纳各种不同精神文化元素的气魄。其次，多元文化的互补共生成就了海南特有的开放包容精神。海南是一个多民族聚居的地方，互动和整合一直是海南各民族交融的历史主流。在长期的历史发展进程中，少数民族创造了丰富多彩、各具特色的优秀传统文化。海南各民族在文化上的交流互动增进了民族之间的情感交汇，使开放包容成为海南精神的重要内容和主要表现。

经济特区的发展历程锻造了海南特有的开放包容精神。经济特区的建立使海南加大了开放力度，加快了经济建设步伐，大力发展同国际市场的联系，在交往中不保守、不排外，各地区文化在此和谐共存，成为我国最南端的开放窗口。三十年建设我国最大经济特区的实践，给海南带来的不仅是改革发展的丰硕物质成果，还有开放包容的精神财富。

特区精神带有鲜明的文化烙印。上述文化体系中的崇商重利、敢于冒险、勇于拼搏、开放包容等文化特质，都深深地刻在特区精神中。尤其需要指出的是，岭南文化、闽南文化、海南文化虽然属于不同的文化体系，但由于地理环境带有一定的相似性，三种文化体系具有相通的文化特质，例如，岭南文化中崇商重利的特点，在闽南文化中也有表现，海南文化中开放包容的气质也鲜明地体现在岭南文化和闽南文化中。以三种相通的文化体系为土壤，厚植成长起来的特区精神自然具有一致性，这也使得我们对不同特区所产生的共同的"特区精神"的概括成为可能。因此，本书所举的案例虽以深圳特区居多，但是特区精神并不等同于深圳精神，而是深圳、珠海、汕头、厦门、海南五个经济特区在前行中所形成的共同的精神。

第二章　敢闯敢试　敢为人先

2018 年 10 月 24 日，习近平总书记在广东自由贸易试验区深圳前海蛇口片区考察调研时指出，深圳、珠海等经济特区的成功经验要坚持并不断完善。创办经济特区是我国改革开放的重要方法论，是经过实践检验推进改革开放行之有效的办法。先行先试是经济特区的一项重要职责，目的是探索改革开放的实现路径和实现形式，为全国改革开放探路开路。先行先试、探路开路，都是做前人未做之事业，敢闯敢试、敢为人先是其应有之义。从经济特区波澜壮阔的历史来看，敢闯敢试、敢为人先是特区精神的首要基因。敢闯敢试、敢为天下先，并不仅仅是一种具体的行为，行为背后所反映出来的首先是一种魄力和勇气，即敢于冲破思想和观念束缚，做之前不敢做的事情。其次，敢闯敢试，敢为天下先，体现了一种责任担当，一种顾全大局的奉献精神。邓小平说，改革是一场革命。从革命意义上来界定改革，表现出改革的深刻性、广泛性和复杂性。推动这样一场关乎国家前途命运的改革需要担当，这是经济特区敢闯敢试的内生动力。最后，敢闯敢试，敢为天下先体现了一种"杀出一条血路来"的拓荒精神。在荒原上成就一番事业，就需要一股敢闯敢拼的拓荒精神。

一、敢于冲破思想束缚的勇气

敢闯敢试，敢为人先，从逻辑上来讲，核心是"敢"。从经济特区诞生的历史背景来看，核心也是"敢"。"敢"字当头，勇当时代弄潮儿，"敢"字背后蕴含的是一种勇气和魄力。由"敢"带来的思想大解放，才使经济特区"闯"出了一番新天地。从"敢为天下先"的开拓观，到"时间就是金钱，效率就是生命"的效率观，从"不是强者莫到深圳"的竞争观，经济特区"敢"的性格非常鲜明，由此产生的新思想观念惊醒了整个中国。

（一）"胆大包天""异想天开"的蛇口

1979 年 1 月 1 日，美国《时代》周刊的封面上出现了一张中国人的面孔——邓小平，他被评为 1978 年的"全球年度人物"。这一天，距离党的十一届三中全会闭幕还不到十天，这期《时代》周刊的序言中这样写道：一个崭新中国的梦想者——邓小平，向世界打开了"中央之国"的大门，这是人类历史上气势恢宏、绝无仅有的一个壮举。然而，中国打开国门，拥抱世界，绝非只是停留在梦想层面上，而是实实在在的壮举。三天后，在中国的这个大棋盘上，对外开放的第一颗棋子落在了中国的南海边。蛇口，在很多人的记忆里，既是个名称，更是个符号；既是片地域，更是段历史。在现在街道宽阔、高楼林立、风光优美、设施完善的蛇口街头，许多人或许已经难以想象改革开放前，它曾经的模样。40 年间，从南海边的一个荒凉落后的小渔村，到现在海岸线内一座座城市地标拔地而起，从一片贫瘠与破落，历经几番巨变，到如今城市的灯火已然彻夜通明。这是蛇口发展的写照，也是中国改革开放和中国崛起的缩影。

蛇口的"开山炮"是中国改革开放的一个重要象征和历史记忆，许多老蛇口人还依稀记得南海滨虎崖下的一声雷鸣。1979 年 7 月 8 日，蛇口轰然响起了填海建港的炮声，犹如一声春雷，开启了共和国改革开放的序幕。时任招商局集团办公厅主任的李亚东讲述了改革开放之初的两件小事。当时招商局需要打电话与外商联系，按照规定需要到广州，打个电话就耗费一天时间，效率很低。招商局就提出可否自办微波通讯，去有关部门请示时，一些领导就痛斥招商局，说这是"胆大包天"之举。另一个故事是关于粮食配给的，当年蛇口工业区的工作人员没有当地户口，缺少粮食配额，招商局有外汇储备，希望可以自购粮食，可也被一些领导批评为"异想天开"。① 一个"胆大包天"，一个"异想天开"，说明创办蛇口工业区，探索一条不同于计划经济体制下的经济发展路子，最大的障碍当属人们思想观念的束缚。

说到蛇口，就不得不提起袁庚。他的一生充满传奇，参加过抗日战争，干过情报工作，为中国外交事业做过贡献，入过狱。这种一波三折的经历，似乎也练就了袁庚身上那股担当、敢为的韧劲儿，正是他带领招商局在蛇口开展建设工作，成为中国改革开放实践的虎将。袁庚是一个时代的先锋人物，是许多蛇口人心中念念不忘的"蛇口之父"。袁庚曾把蛇口的改革比喻成爱迪生实验的八分钟亮灯，它给之后的世界带来了一片光明。忆及当年蛇口的改革，袁庚坦言，"每向前一步，都是对既有制度的挑战与突破"。因此，除了在改革实操上"小心翼翼，如临深渊，如履薄冰"，在意识形态上也坚定地

---

① 韩文嘉、姚卓文：《深圳敢闯敢试敢为人先》，载《深圳特区报》，2016 年 6 月 27 日。

1979 年 2 月 2 日，国务院批准由香港招商局在蛇口
2.14 平方千米的土地上，建立中国大陆第一个出口加工
工业区。经过认真地规划设计后，7 月 8 日，蛇口工业区
开始炸山填海，正式破土动工，这也被称为中国改革开
放的第一声"开山炮"。

"要破除恐惧心理"，把人从恐惧的禁锢中解放出来，为此他将"敢
闯敢为"的魄力发挥到极致。袁庚在蛇口开始改革时说过，要"以
晚年的政治生涯孤注一掷"。他带领蛇口人，硬是凭借"敢想、敢
言、敢试、敢闯、敢为天下先"的"蛇口精神"，披荆斩棘，冲破
计划经济体制的重重障碍，进行了一系列经济体制和政治体制改革
试验。蛇口工业区成为中国改革的"试管"，培育出赤湾港、招商银
行、平安保险等著名企业。从 1979 年到 1984 年，蛇口创造了 24 项
全国第一。打破"大锅饭"，进行定额超产奖励，现在我们熟悉的保
安公司、物业管理公司，在国内的第一家全都开在蛇口，职工房、
签订员工劳动合同，干部能上能下、员工能进能出、工资能高能低
全部是在蛇口进行的尝试。如今，袁庚在蛇口试验的东西普及全中
国，中国享受着蛇口试验带来的红利。袁庚被称为"改革开放马前
卒"，他是蛇口这个"特区中的特区"实际运作的第一人，也因此

成为蛇口精神的缔造者和代言人。

（二）经济特区是"异端"？

就经济特区建立时的国内环境看，粉碎"四人帮"、结束"文化大革命"后，党和国家逐渐把工作重点转移到经济建设上来，尤其是通过真理标准问题的大讨论，重新确立了解放思想、实事求是的思想路线，这是建立经济特区的大背景。但当时改革开放毕竟刚刚开始，人们对在我国划出几小块地方，创办以吸引外资为主的经济特区还是很不理解，甚至有抵触。不少人对经济特区众说纷纭，莫衷一是，讲好话、坏话和持怀疑态度的人都有。不少人仍然把经济特区看作"异端"，各种指责和非议不少，如"深圳除了九龙海关门口仍挂着五星红旗，一切都已经资本主义化了！"甚至北京某机关权威《内参》刊出题为《旧租界的来由》重头文章，把经济特区比作是"旧租界的复活"或是"资本主义的复活"。内地某位老同志，从来没有到过深圳，但他却听到风就是雨，竟然伏在床头一把鼻涕两行眼泪地痛哭："流血牺牲几十年，一朝回到解放前！"一封封告状信寄到北京，大有把深圳经济特区的牌子砸烂之势。这些主要是来自党内的不同声音。在国外，人们也对经济特区这个新事物有不同的理解，评头论足，在报刊上大量刊登文章，曲解、攻击中国的经济特区。据了解，当时苏联官方对我国举办经济特区是持怀疑态度的。苏联部长会议第一副主席阿尔希波夫曾在苏联内部认为，搞经济特区是卖国，走修正主义。

对于大多数人来说，经济特区还是"新生事物"，甚至是"异端"。什么是经济特区？怎样建设经济特区？当初有一个说法，现在可视为笑话：在创建厦门的湖里特区时，社会上议论纷纷。有人说，深圳用铁丝网把特区与香港分割开来是不够的，厦门应该用围墙和土砖把湖里砌起来，把资本主义"圈"在里面；工人们进出要换衣服，防止把资本主义的东西带出来。对于经济特区的建设，不要说社会上的议论纷纷，就是当年的直接参与者也是疑问重重。"我是带着一个大问号到特区工作的"，时任特区管委会副主任的邹尔均曾毫不掩饰当年自己对办特区的困惑。① 深圳特区成立第六年时，第三任深圳市委书记李灏从北京调去深圳，他对家人说："我是去上战场的，你们都不要去。"深圳创造了很多全国第一，李灏任内，有两件事是像他说的那样，是冒风险的：一是成立深圳经济特区外汇调剂中心，请示没有批准，这个中心成立于 1985 年 11 月，而国家外汇局的批准文件是 1988 年 3 月；另一件事是被称为违宪的土地拍卖。1987 年 12 月，中国第一块国有土地使用权以 525 万元拍卖成交，此后李灏去北京参加全国人民代表大会，有五六个省指责特区拍卖土地违法。1988 年，《中华人民共和国宪法》对第十条"任何组织或个人不得侵犯、买卖、出租或以其它形式非法转让土地"进行了修改，才让这一争论尘埃落定。

关于经济特区的争论，从学术界所关注的焦点，也能深刻地反映出来。通过对一些学术文章的梳理，我们会发现，在 1984 年前后，有关"经济特区性质"这样的学术文章出现的频率比较高。例如，《我国特区经济性质问题的几种不同观点》《我国经济特区的性质》《我国经济特区的性质初探》《论经济特区的性质》，等等。因此，从经济特区的发展历史来看，争议已经成为经济特区的一部分，但是有些带有政策和法律根据的指责和质疑，对经济特区的考验是最大的，压力也是最沉重的。经济特区突破这些争议和指责，从而

---

① 《厦门特区发展任重道远》，载《厦门日报》，2006 年 12 月 16 日。

推动政策和法律的变化，是经济特区"闯"和"试"的应有之义，但的确要"敢"才行，要有这种魄力和勇气。

（三）经济特区是新观念的孵化器

理念是实践的先导，理念科学，发展才能蹄疾步稳；思想是行动的指南，思想破冰，行动才能突破重围。敢于冲破思想的束缚，是经济特区成功之钥，也是特区精神最鲜明的要素。真理标准问题的大讨论，解放了思想。而这一解放，只是在改革开放的问题上达成了共识，至于具体怎么改，改革到什么程度，开放到什么程度，还存在不小的争议，把计划和市场看作是区别社会主义和资本主义的思想观念根深蒂固。经济特区是一个新观念新理念的孵化器。《人民日报》的评价相当给力："观念影响中国。作为改革开放排头兵的深圳，30年特区史上诞生的一批新理念新口号，不独属于深圳。它是时代精神的高度浓缩，改革历程的生动注脚。它勾连着走向开放的全体中国人的共同记忆，也可沉淀为我们继续迈步未来的独特财富。"[1] 但从上述争论来看，新观念的产生着实不易。孵化新观念既是经济特区发展的思想前提，也是经济特区留给今天最大的精神遗产之一。

这里需要指出的是，勇于冲破思想观念的束缚，并不是盲目地冲破。马克思说："人们自己创造自己的历史，但是他们并不是随心所欲地创造，并不是在他们自己所选定的条件下创造，而是在直接碰到的、既定的、从过去继承下来的条件下创造。"[2] 社会意识的能动性既要受到客观规律的制约，也要受到历史条件的制约。因此，解放思想不能违背规律，在遵循客观规律的情况下，还要讲究策略。

---

[1] 程其明：《不忘初心方能照亮前行之路》，载《深圳特区报》，2016年8月23日。

[2] 《马克思恩格斯文集》第2卷，人民出版社2009年版，第470–471页。

经济特区的改革涉及许多所谓的禁区，由于策略巧妙，不仅突破了禁区，还赢得了赞赏。前文已述，1987 年深圳率先在全国第一次拍卖土地使用权，这种做法与国家宪法条文明显不符。但深圳把握了土地制度必将改革的趋势，加上对香港土地制度研究的深入，这次拍卖土地使用权推动了宪法有关土地使用权条文的修改，推动了我国土地制度的改革。所以经济特区不仅要在实际工作方面和理论思想上有勇气，还要斗智斗勇。广东的理论工作者和各方面的学者们都很支持改革开放，在理论工作方面做了许多研究。在很多思想理论问题上，当时要闯关，便向"老祖宗"求救。马列主义的基本观点，从来都不认为社会主义经济和资本主义经济是绝缘的。列宁特别强调，要吸收资本主义国家的先进科学技术和有用的管理经验。列宁讲过："乐于吸取外国的好东西：苏维埃政权＋普鲁士的铁路管理制度＋美国的技术和托拉斯组织＋美国的国民教育等等等等＋＋＝总和＝社会主义。"[1] 正如一些社会主义国家的领导人或没有执政的无产阶级政党领导人曾经提出："取得社会主义革命胜利的都不是发达的国家，而是经济较落后的国家。你们用经济特区的形式和政策把西方的资金、技术、管理引进来，发展社会主义国家的生产力，与列宁当年提出的租让制思想是一致的，如成功会对马列主义思想宝库增添新的内容。"

据吴南生回忆，对于最敏感的"地租"问题，万幸的是，在《资本论》和列宁的著作中都有关于租地的理论。在十月革命胜利初期，列宁就说："不怕租出格罗慈内的四分之一和巴库的四分之一，我们就利用它来使其余的四分之三赶上先进资本主义国家。"讲得多

---

[1] 《列宁全集》第34卷，人民出版社1985年版，第520页。

好啊！不过，我们还是把"土地出租"改为"土地有偿使用"，到上面容易通过。于是，"地租"改称"土地使用费"，之后，"土地使用费"成为全国通用的新名词。吴南生说，正是有了这些理论上的准备，才有勇气面对"左"派的挑战。对那些吵吵嚷嚷，"不去跟他们一般见识！"好！你"正确"，你表演吧！我就不开口，你要吵就自己吵吧！我"只做不说"。你能怎么样？① 因此，特区敢闯敢试，不是无原则地乱闯乱试，而是表现出了相当的智慧。理解这一点很重要，否则敢闯敢试传达给外界的信息，似乎是闯到哪里算哪里，没有任何的方向感。其实，从经济特区"闯"和"试"的历史来看，经济特区的任何一项举措都在一定程度上表现出了对未来发展趋势的把握，尽管这种把握有些还是朦胧的。

二、勇于担当历史使命的意识

"文化大革命"结束后的中国该走向何方？中国怎么办？这一"时代之问"发人深省。大时代需要大格局，大事业需要大担当。构筑改革大厦，担当精神无疑是最重要的精神基座、最有力的精神支柱。唯有担当，才能激发壮士断腕的勇气，敢于向积存多年的顽瘴痼疾开刀，敢于破除利益固化的藩篱；唯有担当，才能鼓起"明知山有虎，偏向虎山行"的劲头，勇于挑最重的担子、啃最硬的骨头；唯有担当，才能树立"不谋全局者，不足谋一域"的大局意识，服从改革大局，为改革事业甘于奉献、恪尽职守。敢闯敢试，敢为人先，为什么"敢"？担当使然。这种担当既贯穿在经济特区建设的始终，也深刻地体现在改革开放第一代拓荒者的身上。

---

① 吴南生：《调整利益格局仍需杀出一条血路》，载《南方日报》，2010 年 8 月 30 日。

（一）拼老命我们也要干

没有决策者的高瞻远瞩和深思熟虑，没有决策者的决策和推动，也就没有后来的经济特区。这些决策者可以分为两个层级，一是以邓小平、谷牧等为代表的中央决策者；二是以习仲勋、杨尚昆、刘田夫、吴南生、任仲夷、袁庚等为代表的地方决策推动者。在他们身上无不体现着强烈的担当意识。1978 年 4 月，矢志不移、年已 65 岁的习仲勋，恢复组织生活后即被中央派往广东省主持省委、省政府工作，一直工作至 1980 年 11 月调回北京，襄赞中枢。习仲勋主政广东仅两年零八个月，但贡献卓著，影响深远。广东原本是习仲勋复出的"落脚地"，但经过不到三年的经营，成为中国著名的"改革圈"，习仲勋功不可没。广东改革开放先行先试、雷厉风行，成果丰硕，而他建言中央并主持创建深圳、珠海、汕头三个经济特区，则是最重要的硕果。

习仲勋初到广东时，满目"文化大革命"疮痍。习仲勋住处门口有个卖鱼卖肉的小档口，要凭票购买，起早排队，有些老人凌晨三四点就去排队。有时习仲勋也在早上五点多钟去排队。他在省委会议上说："广东四季常春，是鱼米之乡，鱼米之乡没鱼吃，买来的剥皮鱼过去都是当肥料撒在地里的，现在都是香饽饽。一定要解放思想，搞社会主义不是贫穷，要尽快提高生活水平。"[①] 1979 年 4 月 28 日，中央工作会议结束后，习仲勋很快赶回广东，立即向广东省委常委传达中央工作会议精神和向中央"要权"的经过。在传达中，他特别强调广东要先走一步，不光是广东的问题，而是关系到整个国家的问题，是从全局出发的。因此，经济特区的建立本身就是担当的结

---

① 吴勇加：《习仲勋主政广东：曾被省委书记指出"性格急要求严"》，载《深圳特区报》，2013 年 10 月 12 日。

果。习仲勋说:"广东这事,今天不提明天要提,明天不提后天要提。中国社会发展到现在,总得变,你不提,中央也会提。拼老命,我们也要干。"他还多次讲,他当时的心情是"一则以喜,一则以惧"。喜的是,广东有了这个权,可以先走一步,充分发挥广东优势,也为全国探索一点经验,这个任务很光荣;惧的是,任务艰巨,缺乏经验,能否搞好,有些担心。

需要强调的是,在他履职广东的这段时间里,"文化大革命"形成的"左倾"思潮和教条主义仍然有着很大影响,他在广东的探索和改革是在甘冒风险中开始和进行的。习仲勋后来回忆说,当时他也"心有余悸",甚至可能"被挤出广东",但他出于对党对国家对人民负责的高度责任心,毅然决然坚持冒险去做。他反复表示,如果广东还是慢步走或原地踏步,心里不安。在中央批准广东兴办"特区"后,他提出应采取的立场和态度:"我看要有'三要'和'三不要':第一,要有决心有信心,不要打退堂鼓;第二,要有胆识,勇挑重担,不要怕犯错误,怕担风险;第三,要有务实精神,谦虚谨慎,不要冒失,不要出风头,不要怕否定自己。特别是我们各级领导干部,拼老命也要把广东这个体制改革的试点搞好。"①"要有闯劲,要当孙悟空,解放思想,敢于创新,敢于改革,只要不背离四项基本原则,就可以大胆试验,不要等。"② 正是在这样的思想指导下,习仲勋突破进取,向中共中央建言献策,开启了广东经济建设和改革开放的崭新局面,示范和引领了全国改革开放的进程。曾任广东省人大常委会副主任的方苞对习仲勋做出了这样的评价:

---

① 《习近平随同父亲习仲勋下乡照片曝光》,载《新京报》,2015 年 2 月 26 日。
② 王全国:《习仲勋提出让广东先走一步:坚决搞大胆搞放手搞》,载《深圳特区报》,2013 年 10 月 13 日。

"仲勋同志的传奇故事和所受的冤屈，我们略知一二，他被错误审查十多年，刚恢复工作，就敢于放开来讲真心话，很受大家敬重。他给我们的第一印象，一个胸怀坦荡、光明磊落的人；一个无私无畏，讲真话、干实事的人；一个敢说、敢干、敢于担当的人。"① 唯有担当，方显忠诚。担当精神是共产党人的魂，是精神脊梁，是对党忠诚的根本体现。党员干部对于应该做的事，顶着压力也要干好；对于应肩负的责任，迎着风险也要履行。习仲勋说过："特区之特，关键在敢于改革，敢于试验，敢于牺牲。这个特，不是指在生活上特，不是要脱离群众。敢试，有时候可能会试错，这没有关系，顶多不就是一个乌纱帽嘛。"② 敢想、敢干、敢于担当。这种果敢与实干，源于他对党的事业的高度责任感，源于他对民生福祉的关切。

（二）千难万难，畏难才真难

什么是担当？担当就是肩负起责任。一个民族、一个国家、一个政党，不同历史时期有不同的担当。不同的时代造就不同的"英雄"，但他们的精神中有一个共通点，那便是"敢于担当"。在民族大义面前担当是一种英雄气概和牺牲精神，在改革发展面前担当是自觉自愿肩负起责任和使命。经济特区担当着中国特色社会主义事业开路先锋的重任，开创的是前无古人的事业，走过的是先辈不曾经历的创新开拓之路。因此，经济特区的担当之路注定并非一帆风顺，随时可能出现困扰和艰险，更可能面临种种不公正对待。担当是一种境界，一种行动，也是一种态度。在困境下，经济特区采取什么样的态度和对策，是判断担当与否的重要标准。

---

① 方苞：《习仲勋：一个敢说、敢干、敢于担当的人》，载《深圳特区报》，2013 年 10 月 13 日。

② 《习仲勋概括自己一生的 16 个字》，载《学习时报》，2017 年 4 月 14 日。

千难万难，畏难才真难，不畏难是责任担当的应有之义。破畏难与立担当，从逻辑上讲，似乎不破不立，破字当头。但从辩证法的角度看，破与立互为因果，立是根本，没有立的底气，就没有破的势头。对于建立之初的经济特区来说，整个社会弥漫着姓社姓资的争论，这是经济特区前行面临的首要困难。有句流行语叫作："千难万难，解放思想就不难。"经济特区的发展历史证明，解放思想是引领改革开放的重要法宝，是驱动改革、破除畏难的动力引擎。当然，观念固化只是经济特区面临的一个困难。在冲破思想的束缚后，经济特区还陷入了经济基础的窘境。但是经济特区并没有迷失，而是凭借敢于冲破思想束缚的勇气和敢闯难关的魄力，闯出了一条血路。《南粤之子》一书中记录了这样一个故事：1981 年夏天，国画大师刘海粟来深圳。他对梁湘说："你梁湘在深圳特区率先推行市场经济、引进外资，搞好了也会有人说你走的是复辟资本主义道路，假如你把深圳搞糟了，更会有人说你复辟资本主义！反正一顶大帽子正等着你去戴哩！"梁湘答道："不入虎穴，焉得虎子，只要为党立功问心无愧，我什么都不怕，千秋功罪，让后人评说吧！"在那个仍处在计划经济的年代，国家规定"买酱油的钱不能用来买醋"。而梁湘"斗胆"拍板，要把"死钱用活"，自己担保，向银行贷款，把当时只能用来办工业的贷款搞了基建，这种被认为"透支"的方式遭到内部通报批评。挨了批的梁湘没有停住脚步，他跟相关人员说："你们大胆办下去，如果错了，要追究责任，由我来负责！"①1985 年 1 月起，全国推行梁湘的做法——全国各地的基建投资由原来的国家拨款改为向建设银行贷款。

---

① 《改革开放 30 年：深圳建立初步履艰难质疑声八面袭来》，载《南方都市报》，2008年 10 月 22 日。

厦门湖里特区当年的情景。

　　以厦门特区为例，中央只给了 5000 万元启动资金，这对于建设一个新型的经济特区来说是远远不够的。尽管困难重重，尽管带有困惑，但厦门特区人靠着一股英勇无畏的冲劲和改革创新的闯劲，凭借着先行先试、敢拼敢闯的精神，创造了特区的辉煌。不仅多次开创了厦门特区建设的"第一"：第一家外资企业落户、迎来第一个投资的台商、成立第一家外商企业招商中心……而且多次书写了中国对外开放的"第一"：全国首家中外合资银行——厦门国际银行、在全国率先利用国外政府贷款修建高崎国际机场、组建第一个地方航空公司、设立全国首家台商会馆，等等。

　　再如汕头，1981 年 11 月 14 日，汕头经济特区刚刚成立的时候，初始面积就是汕头市区东部龙湖村西北侧的 1.6 平方千米。30 多个工作人员、600 多万元启建资金，加上一辆破旧吉普车，就是汕头特区人全部的"家当"。在一片荒芜沙丘上，"开荒牛"们硬是"啃"下了一块块硬骨头，短短数年间完成土地"五通一平"，迅速发展电信、能源、交通等基础设施，为经济特区的招商引资之路扫清了硬件障碍。尤为引人注目的是，汕头特区人充分利用自己巨大的侨乡资源，鼓励、吸引潮籍侨胞回乡投资建厂，在招商引资、机制体制改革、改善投资环境等方面积极探索，开创了一个个富有汕头特色的招商引资项目，兴办了一大批"三来一补"和三资企业，充分发挥了"试验田"和窗口作用，为经济特区发展积累了经验、打下了基础。作为中国改革开放的缩影，经济特区发展始终伴随着思想解放、改革创新。在特区元年，一系列"首个""首办""首创""首推"，代表着新旧体制的一种轮换，更代表了经济特区为改革开放而生的使命，凝聚了特区建设者迎难而上、不断挑战和超越自我的勇气和担当。

（三）何以成事？唯有担当

经济特区的创办始终强调两点：一是向海外一切有利于促进经济发展的法令、法规、政策、措施学习，力争经济特区为国际社会认可，在引进资金、技术、人才等方面具有较强的吸引力；二是坚持从国情、省情出发，奋发图强，为探索具有中国特色的社会主义做贡献。简单地说，这就是经济特区应该承担的责任。1987 年，邓小平同志在会见外宾时说到，如果把海南岛好好发展起来，中国特色社会主义就很有说服力，就能够增强人们对中国特色社会主义的信心。由此可见，特区的责任之"重"，不仅在于迅速改变经济基础薄弱的问题，还在于为中国特色社会主义闯出一条新路。邓小平等老一辈无产阶级革命家亲手创办经济特区的初心，就是要求经济特区在我国改革开放和中国特色社会主义建设中先行先试、大胆探索，发挥窗口、试验田、排头兵和示范区作用，在搞清楚社会主义是什么的同时，创造出社会主义的"中国特色"。经济特区从它创建的第一天开始，就在思考中国改革开放中"国家道路与特区探路"的关系，就在肩负"国家需求与特区担当"的使命，为了完成特别的使命，经济特区必须拥有全球视野、国家需求、探路意识和使命担当，这也是经济特区存在的意义和价值。

改革开放40年来，深圳、珠海、汕头、厦门、海南五个经济特区，勇当体制改革的"试验田"和对外开放的"窗口"，为中国特色社会主义现代化建设探索新路，蝶变为彰显中国特色社会主义独特优势和巨大魅力的精彩样本。经济特区的发展历史充分证明：唯有担当，方能成就经济特区的今天；唯有担当，方能成就经济特区的未来。在经济特区前行的历史中，担当是贯穿始终的一种品质。创业维艰，奋斗以成。特区人奋斗的力量源自哪里？只有从担当中才能找到答案。习近平总书记指出，改革推进到今天，比认识更重要的是决心，比方法更关键的是担当。大事难事看担当，改革潮头见担当。畏首畏尾、患得患失，不敢担当，推诿扯皮、抓而不实，不愿担当，能力不足、本领缺失，不会担当，这些问题的存在和蔓延，势必贻误改革时机、迟滞改革进程、危害改革事业。邓小平同志曾语重心长地嘱托："我们肩膀上的担子重，责任大啊！"改革开放只有进行时没有完成时。今天，眺望改革开放40年的历史新坐标，我们更要不忘初心、继续前进，肩负起全面深化改革的时代重任，创造中国改革发展的新奇迹。

三、杀出一条血路的拓荒精神

春江水暖鸭先知。一个国家的发展新潮流总是在最具创新精神的城市和地区萌芽、成长，经济特区就是这样一些地方。在荒原上创造未来，犹如在白纸上作画，经济特区从开始就包含有开拓创新的基因。正是靠着第一代特区人敢闯敢干的拓荒精神，经济特区实现了灰姑娘一般的华丽变身。如果把特区看作一支军队，那它就是一支突击队，千里跃进，突入未知的阵地，为大部队探路、扫清障碍、开疆扩土。

（一）从"孺子牛"到"拓荒牛"

在深圳市委大院大门口，有一座青铜雕塑拓荒牛。只见它努力将身后的一个巨大的树根拉出地面。树根扎根很深、盘根错节，老牛为拉出它，勾头蹬腿，筋肉暴起，浑身使力，喘着粗气，树根已经被拉出了一大半。青铜雕塑的创作者是广东著名雕塑家潘鹤。扎根地下、抗拒出土的树根，实际上象征着固步自封的旧思想、束缚进步的旧观念。老牛拼命拉出这些树根，不仅是要排除妨碍建设经济特区的障碍，更重要的是要扫除阻碍前进的思想桎梏，解放思想，放飞心灵，打开国门，睁开眼睛看世界，让中华民族再次走上复兴的道路。

中共深圳市委门前的"孺子牛"雕塑。

该雕塑起初起名为"孺子牛"，揣摩作者想表现的意思可能是希望深圳的领导干部勤政廉洁，踏实肯干，俯首甘为孺子牛。潘鹤先生的殷切希望没有落空。对第一代深圳领导干部怀着理想抱负、勤政实干创业的精神和行动，深圳早期的居民有目共睹、称赞有加。没有他们当时的出色表现，深圳特区不可能迅速打开局面，更不可能有后来惊人的发展速度。然而，百姓们却给青铜雕像取了个"拓荒牛"的名字，这个名字深入人心，人人皆知。"拓荒牛"代表的正是经济特区开拓、勤勉的精神，经济特区的创业者们就像拓荒牛一样，任劳任怨，无私奉献。改革开放40年，变的是时代风貌，不变的是"拓荒牛"精神。1987年，深圳将特区建设的"拓荒牛精神"概括为"开拓、创新、献身"。1990年，深圳又提炼出以"开拓、创新、团结、奉献"为核心的深圳精神，并在2002年将深圳精神扩充为"开拓创新、诚信守法、务实高效、团结奉献"。可见，"拓荒牛精神"是后来概括总结出的"深圳精神"中最出彩的内容，也是特区精神最珍贵的内容。

（二）打响"第一枪"的"拓荒牛"

在中国近代史上，深圳曾经打响过两枪，产生了重要的历史影响。第一枪是发生在1900年10月6日的"庚子首义"。在深圳东部的山区里，有一个叫三洲田的地方，孙中山先生在这里发动武装起义，打响了推翻清王朝封建专制统治的第一枪。第二枪发生在1979年冬季。在党的十一届三中全会召开后的第二年，基建工程兵闻风而动，参加经济特区建设，打响了深圳经济特区建设的第一枪。当然，这一枪不是真正的枪声，而是推土机的轰鸣声。

两万基建工程兵拓荒深圳的经历是"拓荒牛精神"的重要来源。基建工程兵是人民解放军序列中的一支特殊部队，成立于1966年。这支部队的性质是"劳武结合、能工能战、以工为主"。部队发展很快，高峰时规模曾达到近50万人。部队的任务是组织大型国防、工业工程施工，先后完成了冶金、城建、煤炭、水电、石化、交通等许多战线的重大建设任务。简言之，基建工程兵诞生于中国努力走工业化道路的需要，受命于中国当时四面环敌、备战备荒的艰难时刻，具备敢打硬拼、机动性强、转战南北的优势，肩负着为国家和人民做特殊贡献的光荣使命。1978 年党的十一届三中全会做出了将党的工作重心转到经济建设上来的重要决定，中央判断和平发展是世界的潮流。由于时局发生变化，策略随之改变，中共中央、国务院、中央军委决定撤销基建工程兵。

人生总是有机遇，关门的同时会打开另一扇窗。1980 年 8 月深圳经济特区成立。深圳开局谋篇，百废待兴，急需建设队伍。于是，基建工程兵两个师被调入深圳参加特区经济建设。从 1982 年冬到1983 年春的几个月内，一百多列军列从全国各地开往深圳，两万基建工程兵官兵连同大型机械装备、大量施工材料等进入深圳。1983年 9 月 15 日，部队集体转业成深圳市的施工队伍。当时的深圳极其荒凉落后，除了罗湖东门老街有又短又窄的马路、少量破旧的房屋外，多数地域萧条破败，荒无人烟，废弃的农田荒草没腰、鼠蛇窜行。干部战士们简直不敢相信这就是毗邻香港的深圳，连内地普通的县城都不如。历史上的深圳其实也曾是繁华之地，后来凋零，原因复杂。与深圳经济停滞不前形成鲜明对比，深圳河对面的香港于20 世纪 60 年代实现了经济起飞。富裕的香港变成了一个大磁铁，将深圳脑袋活、懂技术、有能力的青年人吸引过去，深圳历史上曾出现过四次大的逃港事件。结果深圳变成了贫穷荒凉、满目萧条的地方。40 年前，一条深圳河，两道铁丝网，划开深港两地的边界。边界这边是深圳罗湖区的罗芳村，握手楼密集；那边是香港新界区的罗芳村（也叫绞寮村），依然保留着岭南水乡的原始风貌，世外桃源。香港新界的罗芳村是深圳罗芳村人趟过深圳河外逃香港后建立的。一河之隔，生活水平一个天上一个地下。1978 年，深圳罗芳村村民年收入 134 元人民币，而河对岸香港的村民每年能赚 13000 多港币，而那时港币比人民币"值钱"。于是，白天在香港耕作的村民，开始有人晚上不再返回河的这一边；有的人甚至扶老携幼，全家都住在香港。两地的发展差距之大，可见一斑。

正是在这种背景下，基建工程兵两万官兵进入了深圳。当时的深圳特区内只有 2 万多居民，而部队官兵加上家属达到 4 万多人，超过了当地居民数。这么多的人来到深圳，吃穿住行遇到了极大困难。部队进入深圳第一天，在地上挖坑支锅，露天烧饭；深圳缺水，部队驻地不通自来水，只能挖井取水，但是许多地方的地下水水质不行，不但不能饮用，洗澡冲凉身上都会出水泡、溃烂。没房子住，就用毛竹搭起了竹棚，一住好几年。竹棚冬不挡风，夏不避雨，冷时睡觉打哆嗦，热时像蒸笼。部队艰苦安家、艰苦创业，在深圳摆开了战场。劈山开路，移土填海，平整土地，和其他的创业者们一起，让深圳的高楼像雨后春笋般地拔地而起，让这座城市不断"长高"，最终成为国际知名的大城市，创造了"一夜城"的奇迹。这支队伍在深圳建成了深圳第一栋高楼——深圳电子大厦等高层、超高层建筑上千栋；参加了福田中心区、深圳机场、盐田港码头、皇岗口岸保税区等众多项目的施工；完成了深南大道、北环大道、滨河大道和深圳体育场馆、市民中心、南山高新区、西丽大学城、人民医院等基础公共设施、文化教育项目的建设。可以说，深圳的每处土地上都有官兵们洒下的汗水，基建工程兵以实际行动诠释了经济特区"拓荒牛"的精神。

（三）"拓荒牛精神"与"红船精神"血脉相通

"拓荒牛精神"是经济特区不断破荒前进的精神支撑，正是有了这种精神，经济特区不再是一张白纸，不再是荒原一片，到处都变成了绿洲。那么，"拓荒牛精神"是怎么产生的？前文已述，中国共产党领导人民进行革命、建设和改革，形成了一系列可以长久涵养后人的革命精神，如红船精神、井冈山精神、苏区精神、延安精神、铁人精神、雷锋精神等，这些都是"拓荒牛精神"诞生的深厚精神土壤。特别需要指出的是，"拓荒牛精神"与作为中国革命精神源头的"红船精神"是一脉相承的。

2005 年 6 月 21 日，时任浙江省委书记的习近平同志在《光明日报》发表文章《弘扬"红船精神"走在时代前列》，首次提出并阐释了"红船精神"，将其概括为开天辟地、敢为人先的首创精神，坚定理想、百折不挠的奋斗精神，立党为公、忠诚为民的奉献精神。"拓荒牛精神"与"红船精神"尽管产生的时代背景不同，但精神血脉是一致的，都鲜明体现出中国共产党引领潮流的时代担当、自强不息的精神风貌、全心全意为人民服务的根本宗旨。"红船精神"是在中华民族最危难的关头产生的思想火种，后来在神州大地上形成了燎原之势。而"拓荒牛精神"是在中华民族、中国共产党、人民军队优秀的思想传统熏陶和滋养下，在前无古人的改革开放大潮中、经济特区火热的工作生活实践中孕育出来的一种新精神，有着新时期鲜明深刻的时代烙印，具有强大旺盛的生命力。

四、特区的重要经验就是敢闯敢试

经济特区的改革发展是弘扬敢闯敢试精神的生动实践。40 年的峥嵘岁月，经济特区从无到有，在无经验可鉴、无先路可循的情况下，敢于向旧体制、旧思想、旧习惯挑战，在体制机制改革和发展模式转变上"杀出一条血路"，靠的就是解放思想、敢闯敢试。经济特区是解放思想的产物，也是解放思想最大的受益者。时下，我们谋划、推动新一轮的改革、开放和发展，就要牢记习近平总书记的嘱托，大力弘扬敢闯敢试的特区精神，使敢想敢干、敢破敢立、敢闯敢试成为一种常态的精神面貌。

（一）特区之路是"闯"出来的

邓小平同志曾深刻地指出："深圳的重要经验就是敢闯。"即坚持在解放思想中闯"禁区"、闯"盲区"、闯"难区"。从 1979 年至 1983 年关于"经济特区能否在社会主义国家设立"的论战，到 1985 年至 1986 年关于深圳经济特区定位的争论，从 1988 年"蛇口风波"引发的思想价值观念的激烈辩论，到 1989 年至 1992 年特区姓"社"还是姓"资"的攻防，经济特区一路走来都伴随着巨大争议和挑战，但经济特区的拓荒者们怀着"杀头就杀我"的勇气，硬是闯出了特区之路，他们身上体现出的"敢闯敢试，敢为天下先"的精神是特区精神的内核。最年轻的经济特区——海南经济特区的发展史，也是"闯海"精神的实践史。一个"闯"字是海南特区精神的精髓。30 年来，正是凭借敢闯敢试、敢为人先的"闯海"精神，海南实现了从边陲海岛到改革开放重要窗口的历史性跨越。就经济特区初创时的背景和氛围来看，这是一种"置之死地而后生""自古华山一条路"的义无反顾。

有人曾将邓小平时期的改革和当前的改革进行对比，认为当前的改革难度更大。原因是，改革开放初期人们的物质基础普遍都很差，一旦改革，大家都会受益。而改革开放 40 年以来，人们的发展水平参差不齐，一旦改革，就会涉及方方面面的利益关系，改革进入深水区。这种观点是不准确的，实际上，两个时期的改革难度都很大。改革开放初期，改革的最大难度来自思想不够解放。在经济特区早期的建设中，争取地方立法权、外汇调剂制度改革、国企改革、土地市场化改革、建立资本市场、科技创新创业等，都曾遇到争议和阻力。邓小平说："右可以葬送社会主义，'左'也可以葬送社会主义。中国要警惕右，但主要是防止'左'。"① 强调"改革开放胆子要大一些，敢于试验，不能像小脚女人一样。看准了的，就大胆地试，大胆地闯"。② 因此，阻碍经济特区发展的是观念，而经济特区最吸引人的恰恰也是观念。成立经济特区，就是要冒天下之大不韪，冲破思想的束缚，摸着石头过河，敢闯敢试。"闯"，凝聚的是有胆有识的智慧，正是凭借着"闯"的精神，经济特区才能冲破层层阻隔，取得了今天的成就。如今，改革仍面临着利益结构的深刻调整和现实的重重困难，经济特区要继续引领改革开放，就必须继续"闯"下去。

（二）每个时代都需要敢闯敢试的精神

实践发展无止境，解放思想不停步。解放思想是认识问题的前提，是解决问题的钥匙。历史发展规律告诉我们：谁因循守旧，抱着旧观念不放，在传统思想定势和行为定势里打转转，谁就将错失机遇，被时代所抛弃。解放思想很大程度上就是一场"自我革命"，就是对自我的更高超越。而实现超越的一个必要手段就是敢闯敢试。改革开放40年以来，经济特区对于我们国家的最大意义就在于，最早摆脱了姓"资"姓"社"争论的束缚，为建设中国特色社会主义"杀出了一条血路"。

---

① 《邓小平文选》第3卷，人民出版社1993年版，第375页。
② 《邓小平文选》第3卷，人民出版社1993年版，第372页。

如今，经济特区正面临着政策从特殊性到普遍性、改革从灵活性到规范性的历史性转变。城市发展生态化、体制改革市场化、对外联系国际化、社会治理法治化、政治生活民主化也已经成为不可阻挡的时代潮流。在这种状况下经济特区究竟还能不能特下去，经济特区究竟还要不要"闯"的精神呢？当前在经济特区的一些干部群众中对特区精神还存在着模糊认识：一是认为全国已经呈现全面开放之势，再提特区精神意义不大；二是认为浦东新区、天津滨海新区等不少发达地区的发展经验已经非常丰富，经济特区只要借鉴别人的经验成果就足以实现自身的发展；三是认为经济特区的范围不断扩大，随着特区"普惠"全市或全省，再提特区精神在全市或全省范围内也难以起到引领作用。经济特区内部存在这些看法，本身就说明他们对特区精神已经开始淡忘。虽然时过境迁，但无论是经济特区还是改革开放都面临着新的挑战和机遇。2018年10月22日至25日，习近平总书记在广东考察时强调，进入新时代，国际国内形势发生了广泛而深刻的变化，改革发展面临着新形势新任务新挑战，我们要抓住机遇迎接挑战，关键在于高举新时代改革开放旗帜，继续全面深化改革，全面扩大开放。敢闯敢试、敢为天下先的特区精神并没有过时。如今，中国正在经历着深刻的变革，全面深化改革，正面临着利益藩篱的束缚，面临着各种难啃的骨头。邓小平同志曾指出："没有一点闯的精神，没有一点'冒'的精神，没有一股气呀、劲呀，就走不出一条好路，走不出一条新路，就干不出新的事业。"① 敢闯天地阔，敢试道路宽。新时代，经济特区仍然要拿出闯关的精神，敢闯敢试，为全国的改革开放提供新的思路和

---

① 《邓小平文选》第3卷，人民出版社1993年版，第372页。

经验。

尤其需要指出的是，"敢闯敢试，敢为天下先"，在过去40年特别是改革开放的初期主要体现在打破旧的体制的束缚，打破旧的框框的约束。而现在乃至未来的"敢闯敢试，敢为天下先"更多的是靠智慧，看的是标准，要有智慧地敢闯，要有智慧地敢试，要有智慧地敢为天下先。现在我们强调的"敢闯敢试"，首先要敢想，当然不是空想、更不是幻想，而是要有科学依据地想，要看到别人所看不到的，但又是符合事物内在发展规律的东西。敢想是建立在充分的论证、深入的思考、科学的决策基础之上的。新时代的"有智慧地敢闯，有智慧地敢试，有智慧地敢为天下先"，跟过去比，即使是突破不合时宜的条条框框也要通过一定的程序，要把规范和效率统一起来，在依法办事、依程序办事的基础上，要善于提高能力、提高效率，最关键的是要民主决策、依法决策、科学决策、慎重决策。但是，一旦看准了，就要大胆地干，坚定不移地干。

敢闯敢试，敢为人先也体现了一种强烈的担当意识。新时代更加需要弘扬经济特区勇于担当的精神。1977年，邓小平以73岁高龄复出时，讲过一段感人肺腑的话："我出来工作，可以有两种态度，一个是做官，一个是做点工作。我想，谁叫你当共产党人呢。既然当了，就不能够做官，不能够有私心杂念，不能够有别的选择。"①在做官与做事的动机冲突中，邓小平抉择了做事。目前，社会上广泛存在一种慵懒的风气，很多单位里气氛沉闷，效率低下。尤其是有些党员干部严重"庸政、懒政、怠政"，为官不为，形式主义和官僚主义出现了一些新形式。2017年底，习近平总书记就查摆和纠正

---

① 转引自陈剑武、罗建刚：《"做官"与"工作"》，载《中国纪检监察报》，2008年5月7日。

形式主义、官僚主义问题作出重要指示，强调"纠正'四风'不能止步，作风建设永远在路上"，再次向全党释放强烈信号——坚定不移全面从严治党，驰而不息改进作风。2018年9月，中央纪委办公厅印发《关于贯彻落实习近平总书记重要指示精神　集中整治形式主义、官僚主义的工作意见》，全面启动集中整治形式主义、官僚主义工作。这一方面表达了以习近平同志为核心的党中央全面从严治党的决心；另一方面也表现了作风建设的复杂性和艰巨性。党内这样一种精神状态的存在与中国特色社会主义进入新时代这一历史方位明显不相称，需要我们大力弘扬特区敢闯敢试的担当精神，以新的精神状态谱写新时代的新篇章。

（三）不做黄鹂鸟，争当拓荒牛

四十而不惑，不惑则心定。如果将40年的改革开放看作一个"历史单元"，便会更容易看清过程之中的探索，看清已走过的路。40年来，中国的改革开放从单点试水、多点发力到遍地开花，广度与深度与日俱增，成就了中国的巨大发展，带来了中国社会的深层次变革。有学者认为，政治发展具有两种形态，"在路口"是道路的选择时期，"在路上"则是道路选定后的实践与发展阶段。沿着一条自己探索出的道路，我们已行进至全新的历史方位，前所未有地接近中华民族的伟大复兴。随着中国特色社会主义进入新时代，我们的改革定力、历史经验、实践方略等都进入了新境界，改革课题的深度与难度也不同往日。当年的经济特区虽然早已不"特"，但新时代的我们站在更高起点，系统谋划和推进改革开放，依然呼唤当年那"杀出一条血路"的拓荒精神。

"历史从不眷顾因循守旧、满足现状者，机遇属于勇于创新、永不自满者"。改革不停顿、开放不止步已经成为一种清晰的社会共识。面对新时代、新任务，相较于扎扎实实干工作，动动嘴皮子显然更容易。于是，一些能力"余额少"、素质"缺口大"的领导干部就高高站上枝头，当起了"黄鹂鸟"，高唱空洞无味的"口号"，大谈一片大好的前景，把表态当工作，把总结当落实，就是不挑干事创业的担子。嘴上一唱高调，落实必然走样。几年下来，讲全局大而无当，抓落实全是虚功。新时代面对的新任务，没有哪项轻易就能完成。全面深化改革，既不是挽起裤腿就可以蹚过的小河，也不是闲庭信步就能走过的大道，要的是敢闯、敢试、敢破、敢立。每一波攻坚、每一步探索，都需要非凡的勇气、不寻常的智慧和突破条框的担当。无志山压头，有志人搬山。时代任务需要广大干部俯下身子，撸起袖子，争当拓荒牛，去攻城拔寨。

第三章　埋头苦干　务实高效

经济特区是中国改革开放成就的缩影。每个经济特区的发展史都是一张充满曲折故事的实验清单，而百折不回、永不停滞的实验精神、实干精神，正是中国全面迅速崛起的精神财富与动力来源。经济特区是我国改革开放的一面"金字招牌"。招牌亮不亮，解放思想只是第一步，关键在于实干。所谓"埋头苦干，务实高效"，实际上就是一种脚踏实地、真抓实干的精神，彰显的是一种思想自觉，蕴含的是一种价值追求，迸发出的是一种精神状态。这种实干，并不是蛮干，是一种掌握事物发展规律的有效率的实干。

一、不进则退的忧患意识

古语有云："君子安而不忘危，存而不忘亡，治而不忘乱，是以身安而国家可保也。"忧患意识是一个人的内心关注超越自身的利害、荣辱和成败，是对国家、人民、社会可能遭遇到的困境和危难抱有警惕，并由此激发其奋发图强、战胜困境的决心和勇气。经济特区正是忧患意识的产物。那么，经济特区产生后，在那样一个充满争议的时代，为什么特区人能够展现出埋头苦干的作风，成为社会上的一股清流？也在于强烈的忧患意识。这种忧患是对自身处境的忧患，是对社会主义前途和命运的忧患，也是对时不我待的忧患。

（一）忧患意识是党发展壮大的不竭动力

习近平同志指出："我们党是生于忧患、成长于忧患、壮大于忧患的政党。"在近百年艰苦奋斗历程中，深沉的忧患意识给予中国共产党人坚持真理、修正错误的勇气，给予中国共产党人不忘初心、继续前进的力量。

在新民主主义革命时期，无论是大革命失败后的白色恐怖，还是红军长征的艰难困苦，一次次磨砺使中国共产党的忧患意识不断增强。1949 年 3 月，在即将取得革命胜利前夕，毛泽东同志在党的七届二中全会上郑重提出"两个务必"，要求务必继续保持谦虚、谨慎、不骄、不躁的作风，务必继续保持艰苦奋斗的作风。强调夺取全国胜利只是万里长征走完第一步，提醒共产党人不要当李自成。中华人民共和国成立后，面对一系列国内外严峻挑战，中国共产党人始终保持忧患意识，维护了国家的安全和社会的稳定。

中国改革开放的伟大实践是带着强烈的忧患意识开创和不断深化的。1978 年，邓小平同志严肃地指出："一个党，一个国家，一个民族，如果一切从本本出发，思想僵化，迷信盛行，那它就不能前进，它的生机就停止了，就要亡党亡国。"① 这种强烈的忧患意识，成为改革开放开启的推动力。面对改革开放停滞的困境，1992 年，邓小平不顾 88 岁的高龄，毅然决定视察南方，提出"巩固和发展社会主义制度，还需要一个很长的历史阶段，需要我们几代人、十几代人，甚至几十代人坚持不懈地努力奋斗，决不能掉以轻

---

① 《邓小平文选》第 2 卷，人民出版社 1994 年版，第 143 页。

《群众日报》（第 1004 期，1949 年 3 月 26 日）对
党的七届二中全会的报道。

心"。① 发表了振聋发聩的"南方谈话"，使改革开放重新回到正常
的轨道上来。

　　随着中国特色社会主义事业不断向前推进，全党的忧患意识也
在不断增强。党的十五大指出，必须清醒地看到：国际竞争日趋激

---

　　① 《邓小平文选》第 3 卷，人民出版社 1993 年版，第 379－380 页。

烈，经济、科技上同发达国家的差距给我们很大压力，我们自身还有许多困难。党的十六大强调，全党同志一定要增强忧患意识，居安思危，清醒地看到日趋激烈的国际竞争带来的严峻挑战，清醒地看到前进道路上的困难和风险。党的十七大指出，要奋斗就会有困难、有风险。我们一定要居安思危、增强忧患意识。

党的十八大以来，以习近平同志为核心的党中央以强烈而深沉的历史使命感和忧患意识，把巩固党的执政地位、实现党的长期执政摆在重要位置，要求全党牢记"生于忧患，死于安乐"的古训，着力解决好"其兴也浡焉，其亡也忽焉"的历史性课题。在党的十九大报告中，习近平同志再次告诫全党："全党同志一定要登高望远、居安思危，勇于变革、勇于创新，永不僵化、永不停滞。"①"全党一定要保持艰苦奋斗、戒骄戒躁的作风，以时不我待、只争朝夕的精神，奋力走好新时代的长征路。"②

历史充分证明，作为马克思主义政党，中国共产党以国家的忧患为忧患，以民族的忧患为忧患，以人民的忧患为忧患，始终以为中国人民谋幸福、为中华民族谋复兴作为初心和使命。"以史为鉴，可以知兴替"。一以贯之增强忧患意识，是中国共产党从历史兴替中得出的重要结论，是中国共产党在近百年不懈奋斗中总结出的重要经验和治国理政的重要原则。历史昭示我们，使命越光荣，目标越宏伟，环境越复杂，就越要增强忧患意识，越要以如临深渊、如履薄冰的谨慎防范风险挑战。

---

① 习近平：《决胜全面建成小康社会　夺取新时代中国特色社会主义伟大胜利——在中国共产党第十九次全国代表大会上的报告》，人民出版社 2017 年版，第 2 页。

② 习近平：《决胜全面建成小康社会　夺取新时代中国特色社会主义伟大胜利——在中国共产党第十九次全国代表大会上的报告》，人民出版社 2017 年版，第 69 - 70 页。

（二）忧患意识是一种鲜明的理论品格

不同的时代有不同的忧患。一个国家，一个政党，要生存和发展，不能没有忧患。对于中国共产党人来说，忧患意识是一种鲜明的理论品格。一是体现了中华民族的生存发展智慧。忧患意识是中华民族几千年来饱经患难所形成的重要生存发展智慧，是中华民族精神的重要内容，深深蕴含在中华优秀传统文化之中。从"祸兮福之所倚，福兮祸之所伏"的辩证思想，到"生于忧患，死于安乐"的警世良言；从"忧劳可以兴国，逸豫可以亡身"等经验教训，到"惟愿陛下居安思危，孜孜不怠耳"的清醒规劝；从"长太息以掩涕兮，哀民生之多艰"的悲天悯人，到"先天下之忧而忧，后天下之乐而乐"的博大情怀，无不展示着中华民族深沉的忧患意识。二是体现了强烈的使命担当。习近平在中共中央政治局第十六次集体学习时强调："我们共产党人的忧患意识，就是忧党、忧国、忧民意识，这是一种责任，更是一种担当。"① 这种忧患意识最大的特征是以身许党许国、报党报国，始终贯穿着对民族前途命运的担当、对国家繁荣富强的担当、对人民幸福生活的担当、对管党治党和锻造坚强马克思主义政党的担当。三是体现了鲜明的问题导向。忧患意识贯穿着强烈的问题意识、鲜明的问题导向，哪里有问题，哪里就有忧患，展现了马克思主义者改造世界的实践精神，体现了共产党人求真务实的科学态度。四是体现了科学的预见性。忧患意识不同于杞人忧天，总是去忧虑那些不切实际的东西。科学预见建立在对事物发展规律认识和把握的基础上。增强忧患意识就是为了增强预见性、前瞻性，更好防范风险挑战。只有登高望远、居安思危，洞

---

① 《习近平谈担当精神》，载《人民日报（海外版）》，2017 年 6 月 14 日。

察大势、提前预判，才能加强战略谋划、顶层设计以防范风险、规避风险。

（三）特区是忧患意识的产物

40年来，经济特区一直担当着中国改革开放的"窗口"和"试验场"角色，以其敢闯、敢干、敢为天下先的胆识和魄力，冲破了计划经济时代的种种藩篱，唤起了整个中国的创新激情。这种激情主要源自特区的忧患意识，可以说，经济特区是忧患意识的产物。那么，经济特区的忧患意识来自哪里？

首先，忧患意识来自对时代脉搏的准确把握。一方面，"文化大革命"结束后，和平与发展是时代主题。这一国际环境既为中国带来了挑战，也带来了机遇。另一方面，"文化大革命"后的中国仍处于徘徊状态，未来的发展方向不够明朗。如不能尽快结束这种状态，中国与世界的差距将再次拉大。从20世纪60年代开始，亚洲的中国香港、中国台湾、新加坡和韩国推行出口导向型战略，重点发展劳动密集型的加工产业，在短时间内实现了经济的腾飞，一跃成为全亚洲最发达富裕的地区，被称为"亚洲四小龙"。同时期的中国内地由于种种因素使然，丧失了发展的机会。"文化大革命"结束后，如不能迅速调整前行的航向，中国将再次与发展机遇失之交臂。这种巨大的压力随之而来的是强烈的忧患意识。从当时的国内外形势来看，可谓是"不进则退，进慢亦退"。

其次，忧患意识来自决策者的推动。经济特区为什么会产生？本身就是忧患意识的产物，这一忧患意识来自经济特区的决策者和推动者。时代主题的变化并不是每一个人都能够捕捉到，忧患意识往往最先产生于能够洞察时代脉搏的群体中，而经济特区的决策者就属于这一群体。1979年初，时任广东省委书记的吴南生率领一个

汕头是广东的"尾部",是中国第一批经济特区之一。

工作组奔赴汕头市,传达党的十一届三中全会精神。汕头是吴南生的家乡,没想到这次回到阔别 27 年的故乡,看见的竟是满目疮痍。"那些我所熟悉的楼房,残旧不堪,摇摇欲坠;街道两旁,到处都是用竹子搭起来的横七竖八的竹棚,里面住满了成千上万的男男女女……城市公共设施残破,道路不平,电灯不明,电话不灵,经常停电,夜里漆黑一片。市容环境卫生脏乱不堪,由于自来水管年久失修,下水道损坏严重,马路污水横流,有些人甚至把粪便往街上倒,臭气熏天。眼前的汕头,比我们小孩子的时候还穷啊!"吴南生生前曾回忆说。中华人民共和国成立初期,汕头和香港的差距并不大。30 年过去了,香港成为"亚洲四小龙"之一,而汕头变得如此凄凉,吴南生当时的心境可想而知。叶剑英是广东梅县人,曾对吴南生说:"南生啊,我们家乡实在是太穷了,你们有什么办法没有?快想想办法,把经济搞上去啊!"1979 年 2 月 21 日深夜,发着高烧的吴南生向广东省委发了一份 1300 字的电报,提议在汕头划出一块地方，彻底开放，利用外资发展经济，打破计划经济的旧框框，把市场经济引进来，扭转汕头经济落后、群众生活困难的局面。7 天后，吴南生回到广州。3 月 3 日，吴南生在广东省委常委会上说："三中全会决定改革开放，我提议广东先走一步。我是喜欢下象棋的人，懂得先走一步，叫作'先手'，就先掌握主动权。我提议在汕头划出一块地方搞试验，用各种优惠的政策来吸引外资，把国外先进的东西吸引到这块地方来……汕头地处粤东，偏于一隅，万一办不成，失败了，也不会影响太大。如果省委同意，我愿意到汕头搞试验。如果要杀头，就杀我好啦！"① 正是基于这样一种深深的忧虑，才有了创办特区的想法。因此，经济特区是忧患意识的产物，而这一忧患意识首先在以邓小平、叶剑英、习仲勋、杨尚昆、吴南生等为代表的决策者中产生。

最后，忧患意识来自时代的担当。有担当，才会对形势产生敏锐的捕捉力。没有担当，即使周围充满了险境，也不会产生积极的忧患意识，而只会悲天悯人。经济特区从最初产生，即担负着中国改革开放试验田与窗口的重任，这个重任将贯穿于整个中国的现代化过程，是它全部发展战略的最终目标。这一拓荒性的事业是时代赋予经济特区的一种责任。这一重担，由于经济特区在前行中的争议，显得尤为沉重。正是这样一副沉重的担子让经济特区充满了忧患意识。也正是这样一种忧患意识，支撑了经济特区在争议中负重前行。

（四）没有忧患是最大的忧患

经济特区在收获成功的同时，从来不乏争论。无论是 1985 年陈

---

① 田亮：《办特区的"孙悟空"》，载《人民日报（海外版）》，2018 年 8 月 10 日。

文鸿在香港《广角镜》杂志上发表的《深圳的问题在哪里?》，还是2003年呙中校的万言网文《深圳，你被谁抛弃?》，都曾经引起巨大的关注和争论，这多少反映了经济特区人的"忧患意识"。过去30多年，人们一直在思考经济特区的走向，原因就是经济特区本身在闯新路，"闯"本身就代表多种选择。对于深圳未来走向的担忧，中国社会科学院产业与企业竞争力研究中心深圳中心主任靖鉴强总结了如下几点："特区已经逐渐丧失了原有的创业激情和锐气""特区人功成名就了""原来的改革是加法，现在的改革是减法，更需要改革者的智慧"，① 等等。

　　类似的疑虑和担忧在珠海和汕头这两个经济特区同样存在。一些学者总结认为，珠海问题的根源是在过去30年中给予了外资企业最好的政策资源，而没有培养起具有根植性的市场力量，没有培养起应有的民营企业群体，这使得珠海的经济结构问题有着与其他城市不同的内容。与深圳和珠海相比，人们对汕头经济特区的疑问更早，更彻底。在20世纪90年代初，这座城市恰恰遭遇了一场经济生态危机。走私、骗税、六合彩……黑色经济疯狂生长，毁了这座城市曾有的美好。2001年3月22日，被调任汕头市市长的李春洪在整治市场秩序和社会秩序动员大会上发表万字讲话，说得最重的一句话就是："目前汕头已沦落为一般城市，特区的氛围不浓厚，再这样下去，发挥窗口作用、辐射带动作用、龙头示范作用将付之东流……"② 在那次会议上，时任汕头市市长李春洪的发言，概括了

---

① 《中国经济特区走过30年：黑色经济曾在汕头疯长》，载《广州日报》，2010年8月25日。

② 《中国经济特区走过30年：黑色经济曾在汕头疯长》，载《广州日报》，2010年8月25日。

他对这座刚刚走过 20 年特区历史的城市的担忧。

　　缺乏忧患意识是一种非常有害的思想倾向。缺乏忧患意识就可能看不到存在的困难和问题，更谈不上解决好困难和问题，而只能任其发展和激化；缺乏忧患意识就不能保持艰苦奋斗的精神状态，很容易陷入贪图安逸的泥潭；缺乏忧患意识就会放松对自己的要求和改造，变成"糖衣炮弹"的俘虏；缺乏忧患意识就如同山寨意识强烈的农民，小富即安，缺乏拼搏奋斗的意志、敢闯敢做的勇气。而且，忧患意识的匮乏比较容易发生在和平年代。中华人民共和国成立初期，以刘青山、张子善为代表的领导干部就是在中国共产党成为执政党后丧失了战争年代所具有的那种忧患意识，最终死于安乐。未来，经济特区究竟"特"在何处，如何在新的改革中取得突破，这些问题都是对经济特区新一轮的争论。经济特区还得继续保持"敢闯""敢干""不争论"的精神，这样才能完成新的"先行先试"的使命。经济特区在 30 多年后的今天依然任重道远。

二、不搞争论的政治智慧

　　经济特区是社会主义新生事物，存在各种不同的议论是意料之中的事情。经济特区的发展历史，就是在人们的争议声中不断前进的历史。经济特区在争议中产生，又在争议中前行，以至在今天不断发展壮大。有益的争论可以推动经济特区的发展，不必要的坐而论道则会浪费宝贵的发展时机。因此，不争论也是一种智慧。经济特区能够取得今天的成就，在于特区人摒弃了不必要的争论，发扬了埋头苦干、务实高效的实干精神。

　　（一）"试验"说引发风波

　　1984 年 1 月 24 日，中国改革开放总设计师邓小平首次到深圳特区视察，这在中国改革开放历史中是具有深远历史意义的重要事件。此时，深圳经济特区刚刚成立 4 个年头，经济特区的建设热火朝天，但国内关于"改革开放"的争论、围绕经济特区的非议同样云谲波诡。邓小平来到深圳，在目睹了深圳的发展变化后，欣然提笔题词："深圳的发展和经验证明，我们建立经济特区的政策是正确的。"此后，关于经济特区的争论暂告一个段落。但是，一波刚平，一波又起。1985 年 6 月 29 日，邓小平在会见阿尔及利亚民族解放阵线党代表团时说："深圳经济特区是个试验，路子走得是否对，还要看一看。它是社会主义的新生事物。搞成功是我们的愿望，不成功是一个经验嘛。"① 邓小平的这个讲话再次引起海内外的轰动。有人认为，这是邓小平对于创办经济特区动摇的表现。

一时之间，针对深圳经济特区的种种议论甚嚣尘上。有人说深圳是靠国家"输血"的，有人说深圳是利用黑市外汇发财的，更有人认为深圳的建设完全是个错误。1985 年六七月间，香港《信报》上大量刊登文章。这些文章一扩散就造成了思想混乱，尤其是引起早期来深圳投资的外商的疑虑，他们很"理解"地说："你说是试验，失败了也是个试验，可你们要是失败了，我们的投资怎样收回来？我们的投资可不是给你们做试验的。"这场风波不平息将严重影响经济特区建设者的信心、投资者的信心。为了应对第二次争论，在新华社香港分社的安排下，深圳市前副市长邹尔康于 1985 年 7 月接受了香港《大公报》记者的采访，就深圳经济发展和香港《信报》的批评，作了态度诚恳、平和客观的解释。他明确地说："小平同志的讲话含义是一致的，即经济特区这几年的发展是成功的，但

---

① 《邓小平文选》第 3 卷，人民出版社 1993 年版，第 130 页。

办经济特区是一个试验，以后还有很多新问题要继续探索、解决。小平同志的讲话，加强了我们作为特区工作者的责任，我们今后要更谨慎、更努力，把特区办好。"对"输血"论，邹尔康说，一开始建立经济特区时，中央就是"只给政策不给钱"，截至1985年，50亿元基本建设投资，国家拨款仅1.3亿元，银行贷款12亿元，其余都是外商和内地省市在深圳的投资。对深圳工业基础薄弱，仅靠转口贸易支撑的说法，邹尔康说，这种说法是不全面的，深圳工业的发展不能说十分让人满意，但并不脆弱，发展很快，工业产值从1979年到1985年6年时间翻了40倍。最后，邹尔康说，有了良好的条件，有了前几年的经验，相信特区经济一定会成功。[①] 采访的全文《邹尔康谈深圳特区发展中若干问题》，于1985年7月26日在香港《大公报》刊登。随后，邹尔康趁去香港公干时，同新华社香港分社秘书长杨奇和深圳市委宣传部同志一起会见了数十家香港媒体，当面澄清了一些问题。此后，这股风波才平息下来。

（二）海南省洋浦开发风波

1988年海南建省办大特区，洋浦成为海南开发的试验地。这一举措当时在国内属首创。然而要雕琢洋浦这块"璞玉"又谈何容易，仅洋浦开发区中的"七通一平"（七通一平是指基本建设中前期工作的道路通、自来水通、电通、排水通、排洪通、电讯通、煤气管通及平整土地等的基础建设）就需要100多亿元的投资，而海南1988年财政收入才4.2亿元，国家一年给予海南的低息贷款也只有2亿元。怎么办？出路就是吸引外资。于是产生了经济特区中的洋浦开发模式，即"引进外资成片承包，系统开发，综合补偿"的利

---

① 邹尔康：《一心一意当好"试验田"和"排头兵"》，载《深圳特区报》，2010年6月10日。

用外资进行开发的方式。

1988 年 6 月，海南省政府与熊谷组（香港）有限公司达成开发洋浦的初步协议，12 月 31 日向国务院上报了关于让外商承包，成片开发洋浦的请示报告。孰料，正当海南人民为洋浦的开发前景欢欣鼓舞的时候，一场意想不到的风波以空前猛烈的强度骤然掀起。1989 年 3 月，五名全国政协委员在全国政协七届二次大会上联合发言，提出海南省拟将洋浦港中心地区 30 平方千米的土地，以低价租给日本企业熊谷组，期限长达 70 年，此举欠妥。之后，一些学生甚至上街游行，贴出了"声讨海南卖国"的标语口号。

面对这种指责和"声讨"，海南省主要领导人一面立即就洋浦开发问题发表讲话，说明实情，澄清误解；一面上书党中央、国务院，指出一些人对洋浦开发的指责"完全是离开时间、地点、条件看对外开放政策"。正在国内外舆论沸沸扬扬之际，4 月 28 日，邓小平审阅中共海南省委书记许士杰、省长梁湘 3 月 31 日写给他和杨尚昆的《关于海南省设立洋浦经济开发区的汇报》，作出批示："我最近了解情况后，认为海南省委的决策是正确的，机会难得，不宜拖延，但须向党外不同意者说清楚。手续要迅速周全。"①

这 48 个字的重要批示，坚持实事求是的思想路线，包含着极其丰富的内容。"决策是正确的"，这是对海南省委勇于走改革开放之路的鲜明支持。"机会难得，不宜拖延"，体现了强烈的时不我待的机遇意识。"须向党外不同意者说清楚"，展示了这位伟人的宽广胸怀。是年 5 月，全国政协经济委员会派出以经叔平任组长的调查组，到海南进行调查和考察，对洋浦开发作出了公正评价。"手续要迅速

---

① 《深切的关怀　巨大的鼓舞——邓小平同志与海南》，载《海南日报》，2014 年 8 月 22 日。

周全"，这是对加快海南发展的嘱托。1992 年 3 月 9 日，国务院正式批准海南省吸收外商投资开发洋浦地区 30 平方千米土地建设洋浦经济开发区。

（三）不搞争论是我的一个发明

自经济特区创办开始，在"资社"思维下，经济特区一直备受争议。中国特色社会主义是前所未有的事业，不可能有现成的答案，只能靠摸索前进。在这个问题上，邓小平的态度毫不含糊：大胆试，大胆闯，对与错，是与非，在探索中才能见分晓，错了改过来就是。不能因为错误难免，就缩手缩脚，不敢大胆前进。如果前怕狼后怕虎，就走不了路。对有些一时无法说清楚的问题，可以先搁置起来，不搞无谓的意识形态论争。邓小平曾说过，对改革开放，一开始就有不同意见这是正常的。他采取的方针叫"不争论"。邓小平在南方谈话中有段经典论述："对改革开放，一开始就有不同意见，这是正常的。不只是经济特区问题，更大的问题是农村改革，搞农村家庭联产承包，废除人民公社制度。开始的时候只有三分之一的省干起来，第二年超过三分之二，第三年才差不多全部跟上，这是就全国范围讲的……不搞争论，是我的一个发明。不争论，是为了争取时间干。一争论就复杂了，把时间都争掉了，什么也干不成。不争论，大胆地试，大胆地闯。农村改革是如此，城市改革也应如此。"① 邓小平不止一次地讲到"不搞争论是我的一个发明"，毫不掩饰自己对这一发明的钟爱。在他看来，无谓的意识形态争论只能使得问题复杂化，而且白白耗费了大量时间，丢失机遇。也正是基于此，说到 20 世纪五六十年代的中苏意识形态论争，邓小平不无惋惜地评价：

----

① 《邓小平文选》第 3 卷，人民出版社 1993 年版，第 374 页。

回过头来看，双方都讲了许多空话。

邓小平所讲的"不争论"，不是泛泛而论，而是针对特定问题讲的。改革开放以后，由于受"左"的思想的束缚，有些人不加分析地对改革的一切具体措施进行争论，非要争出个姓"社"姓"资"来，阻碍了改革开放的步伐。针对这种情况，邓小平提出在一些不涉及改革方向和根本原则的具体措施上"不争论"。之所以提出"不争论"，邓小平考虑的主要是争取时间。在和平与发展成为时代主题的大背景下，如果浪费大量时间用于无谓的抽象争论，就有可能再次错失发展的机遇，进一步拉大与发达国家的发展差距。但是，允许看、允许试，"不争论"并不是放任自流，而是要通过实践来检验，拿事实来说话，让改革的实际进展去说服人们。实践证明对了的要坚持，错了的要改正，不完善的要进一步完善。为增强说服力，邓小平在这里专门列举了设立经济特区、实行农村家庭联产承包制从起初受到质疑到经过实践检验逐步得到普遍拥护的例子。

由此可见，邓小平提出"不争论"显然是有特定的指向和用意的，并不能由此推出对任何问题都"不争论"的结论。实际上，"不争论"只是邓小平对待意见分歧的一种态度，他在主张"不争论"的同时，还经常强调"要争论"。邓小平既主张"不争论"，又主张"要争论"，这看似矛盾，实际上并不矛盾。二者是辩证统一的，虽各有所指，却又不可分割，在一定条件下还会转化，无论是把"不争论"还是把"要争论"简单化、绝对化、扩大化，都是错误的。在社会主义改革的具体措施、方法问题上，不要陷入无休止的抽象争论中，而在改革的社会主义方向和根本原则问题上，则要同任何违背这一方向和原则的思想、做法争论甚至进行批评和斗争；在马克思主义的重大理论问题以及学术领域的问题上，允许、鼓励、提倡通过争论深化对重大理论问题的认识、繁荣社会主义思想文化，但争论并不是没有限度，不能脱离马克思主义这个前提。无论是"不争论"还是"要争论"，都不过是手段，其共同目的都是为了推动我国改革开放和社会主义建设事业顺利、平稳、健康进行。正确认识二者的辩证关系，着眼于改革开放和社会主义现代化建设的大局，一切从实际出发，具体分析改革进程中遇到的各种问题，不该"争"的不"争"，需要"争"的必须"争"，这才符合邓小平的本意。

中国特色社会主义政治制度体系为"不争论，大胆地试"留下了制度空间。在领导和群众都存在广泛争议的情况下，要形成整体性政策并付诸试验是难获共识的，强行决策势必导致社会分裂。中国政治制度的优势在于具有制度弹性，这种弹性的一个重要表现就是容纳多样性，鼓励试验、探索和创新。如果政策理念或战略构想已经达成共识，在各项重点改革举措的决策上，就可以"不争论，大胆地试，大胆地闯""允许看，但要坚决地试"。经过试验，从各个试点的实践中总结和提炼对整体性政策有用的成分。这样从点到面，用事实说话，就能够在各项重大改革举措的决策上消除分歧，达成共识。

三、脚踏实地的求是精神

明末清初思想家陈确在《与吴仲木书》中提到，"譬操觚家一味研穷休理，不轻下笔，终是眼高手生，鲜能入彀"，不结合实际，不懂去实践，结果只能是眼高手低、碌碌无为。孙中山先生曾多次强调，"一个人不要立志做大官，要立志做大事"。从站起来到富起来，再到强起来，这个不平凡的新时代不是天上掉下来的，不是别人送过来的，是我们每一位中国人、每一代中国人，一步一个脚印，脚踏实地干出来的。中国共产党人是坚定的"实事求是派"，中国改革开放的成功，不是靠本本，靠的就是实事求是。经济特区的每一份成就，也是特区人解放思想，实事求是，闯出来，拼出来的。

实事求是这个词最早出现在汉代，已经有2000多年历史了，但使这样一个古老的名词展现生机、广为人知的是中国共产党。关于实事求是，毛泽东同志曾深刻指出："'实事'就是客观存在着的一切事物，'是'就是客观事物的内部联系，即规律性，'求'就是我们去研究。我们要从国内外、省内外、县内外、区内外的实际情况出发，从其中引出其固有的而不是臆造的规律性，即找出周围事变的内部联系，作为我们行动的向导。"① 邓小平把它提到马克思主义和毛泽东思想精髓、中国共产党思想路线核心的高度。实践证明，什么时候坚持实事求是，我们的事业就顺利发展；什么时候背离实事求是，我们的事业就遭受挫折。实践告诉我们，实事求是是我们党的生命、我们事业的根基，是我们必须坚持的思想方法和工作原则。我们党讲党性，实事求是就是最大的党性。

1992年初，邓小平在武昌、深圳、珠海、上海等地视察期间发表重要谈话。在谈话中，他指出："实事求是是马克思主义的精髓。要提倡这个，不要提倡本本。我们改革开放的成功，不是靠本本，而是靠实践，靠实事求是。"② 实事求是，是邓小平一生最重要的思想特点。他坚持党的思想路线，坚持一切从实际出发，常说自己是"实事求是派"，反复强调"拿事实来说话"。邓小平以一生的实践证明，他是一位高瞻远瞩的思想家、政治家、战略家，也是一位求

---

① 《毛泽东选集》第3卷，人民出版社1991年版，第801页。
② 《邓小平文选》第3卷，人民出版社1993年版，第382页。

延安时期的中央党校，礼堂上镶刻着毛泽东题写的"实事求是"。

实、务实、踏实的实干家。进入改革开放新时期，邓小平更加强调坚持彻底的求真务实精神。他说："我读的书并不多，就是一条，相信毛主席讲的实事求是。过去我们打仗靠这个，现在搞建设、搞改革也靠这个。我们讲了一辈子马克思主义，其实马克思主义并不玄奥。马克思主义是很朴实的东西，很朴实的道理。"①

对于改革开放来说，要做到实事求是，必须解放思想。在回望40年改革开放历程时，习近平总书记指出："中国人民坚持解放思想、实事求是，实现解放思想和改革开放相互激荡、观念创新和实践探索相互促进，充分显示了思想引领的强大力量。"② 历史告诉我们，思想是行动的先导，解放思想是实事求是的基础和前提，是实事求是的必要条件和内在要求。40年前，真理标准问题的大讨论成为改革开放的思想先导，开启了改革开放的实践探索。40年解放思

① 《邓小平文选》第3卷，人民出版社1993年版，第382页。
② 习近平：《开放共创繁荣　创新引领未来——在博鳌亚洲论坛2018年年会开幕式上的主旨演讲》，载《人民日报（海外版）》，2018年4月11日。

想和改革开放的相互激荡，中华民族迎来了从站起来、富起来到强起来的伟大飞跃，中国特色社会主义进入了新时代，我们更加深刻地感悟到解放思想和实事求是相统一的伟大力量。没有思想的彻底解放，就做不到真正的实事求是。客观实际在不断发展变化，只有不断解放思想，才能跟上不断发展的时代、符合变化的实际，真正掌握事物发展的客观规律。而行动是思想的落实，实事求是是解放思想的目标和归宿。解放思想是为了发现事物发展的客观规律，遵循事物发展的客观规律，做到实事求是。背离了实事求是，不以实事求是为追求和依据，解放思想就会失去方向和目标，很可能流于空想，成为胡思乱想。在马克思以前，西欧空想社会主义没有发展成为科学社会主义，从根本来说就是空想社会主义者的解放思想有余，实事求是不足，提出的一些主张想法过于脱离实际情况，脱离客观规律。作为改革开放的产物，经济特区战略就是实事求是的一个范例，在经济特区创办和建设过程中，深深融入了邓小平解放思想、实事求是的风格。经济特区自创办开始，备受争议，"左"右之争既是改革开放争论的一条主线，也是经济特区争论的主线，而经济特区解决"左"右之争的方法是解放思想、实事求是。

（二）不管白猫黑猫，捉住老鼠就是好猫

不管白猫黑猫，捉住老鼠就是好猫，"猫论"在中国恐怕无人不知，它早已成为"中国改革是摸着石头过河"的务实精神的概括。1980年，四川的一位画家曾经给邓小平画了一幅黄猫黑猫图，以此来表达对这位老人一生坚持的信念的赞美。邓小平欣然接受了这片心意。它的由来，缘于邓小平在1962年说的一句在全国家喻户晓的名言。那时，由于"大跃进"的失误和严重的自然灾害，全国经济形势非常紧张，人民生活极度困难。安徽等省一些农村为了度过经济困难的日子，自发进行了包产到户、责任田等各种形式的试验，这在党内引起了争论。邓小平针对当时的争议表态说："生产关系究竟以什么形式为最好，恐怕要采取这样一种态度，就是哪种形式在哪个地方能够比较容易比较快地恢复和发展农业生产，就采取哪种形式；群众愿意采取哪种形式，就应该采取哪种形式，不合法的使它合法起来。这都是些初步意见，还没有作最后决定，以后可能不算数。刘伯承同志经常讲一句四川话：'黄猫、黑猫，只要捉住老鼠就是好猫。'这是说的打仗。我们之所以能够打败蒋介石，就是不讲老规矩，不按老路子打，一切看情况，打赢算数。现在要恢复农业生产，也要看情况，就是在生产关系上不能完全采取一种固定不变的形式，看用哪种形式能够调动群众的积极性就采用哪种形式。"①为了形象地表达自己的观点，他引用了一句四川的俗语："不管黄猫黑猫，捉住老鼠就是好猫"。

"不管白猫黑猫，捉住老鼠就是好猫"，减弱了意识形态的严肃感，意味着干实事更重要。"猫论"既是邓小平理论的重要内容，也是邓小平理论的鲜明风格。经济特区和改革开放取得的巨大成就，归功于邓小平理论，归功于邓小平这些简单通俗而又务实的话语。像这样幽默简明而又寓意深刻的话，邓小平说过很多。1978年2月，他在成都对四川省委的领导说："我在广东听说，养3只鸭子就是社会主义，5只鸭子就是资本主义，怪得很！"鸭子也好，猫也好，人们都能从这些朴素的话语中，听出邓小平所要表达的深刻的含意。邓小平的一生经历了太多的磨难和辉煌，留下了太多的记忆和回响。可人们印象最深的，总是他那求真的风骨、务实的本色。而这种风

---

① 《邓小平文选》第1卷，人民出版社1994年版，第323页。

骨和本色，深深地刻在了经济特区和改革开放的整个发展进程中，演绎出了美丽的春天的故事。

四、空谈误国，实干兴邦

成功缘于实干，祸患始于空谈。战国时期赵括"纸上谈兵"，两晋学士"虚谈废务"，历来是治国理政的大忌。中华民族百余年的奋斗史，也从另一面印证了这个道理。付出世人难以想象的巨大牺牲，在"坚船利炮"的西方列强侵略下夺取民族独立的胜利；靠着"节衣缩食、勒紧裤带"的奋斗精神，在一穷二白的新中国建立起完整的工业体系；鼓起"杀出一条血路"的改革勇气，用短短数十年走过西方国家两三百年历程。饱经沧桑的中华民族，之所以能走出苦难、走向辉煌，靠的不是空想清谈，而是实干苦干。2012年11月29日，习近平总书记在国家博物馆参观《复兴之路》展览时，深情阐述中国梦，其中特别提到"空谈误国，实干兴邦"这一激励人心的口号。12月7日至11日，习近平总书记首次离京视察广东深圳、珠海等地，再一次强调"空谈误国，实干兴邦"。

（一）为"姓社姓资"争论画上休止符

1988年，中国的改革开放已进入到关键阶段。尽管邓小平同志在1984年春就肯定了深圳特区的改革开放成果，并且题字"深圳的发展和经验证明，我们建立经济特区的政策是正确的"，让特区人吃了一颗定心丸。但是长久以来，关于特区姓"资"还是姓"社"的争论从未止息。1990年，部分中央媒体发表了一系列质疑文章，认为"市场经济，就是取消公有制，这就是说，要否定共产党的领导，否定社会主义制度，搞资本主义"。恰在这时，东欧剧变，苏联解体，这给中国人带来更大的震撼和困惑。随之，一场关于特区"姓资""姓社"的诘难风起云涌。

1992年1月18日至2月21日,88岁高龄的小平同志视察南方,发表了振聋发聩的"南方谈话"。"空谈误国,实干兴邦"这句话就诞生于这次谈话。1月18日,邓小平在汉口火车站对时任湖北省委书记的关广富说,"第一,十一届三中全会以来的实践证明只有改革开放才能救中国……第二,发展才是硬道理,成天去争论什么资本主义、社会主义有啥意思?……空谈误国,实干兴邦! 以经济建设为中心的基本路线不能动摇! 要管一百年,对,一百年不动摇。"① 讲话针对人们思想中普遍存在的疑虑,并从中国实际出发重申了深化改革、加速发展的必要性和重要性。1月19日到23日,小平同志视察深圳。他充分肯定了深圳在改革开放和建设中所取得的成绩:深圳发展这么快,是靠实干干出来的,不是靠讲话讲出来的,不是靠写文章写出来的。并再次强调,要坚持党的十一届三中全会以来

1992年至今竖立在招商局蛇口工业区的"空谈误国,实干兴邦"标语牌。

---

① 转引自杨世国、程全兵、林坤城:《"空谈误国,实干兴邦"是如何从深圳喊响的》,载《人民日报(海外版)》,2013年6月19日。

的方针政策，坚持"一个中心、两个基本点"。这次谈话，拨开了许多人思想上的迷雾，凝聚了改革共识，一个加快改革开放的生气蓬勃的舆论环境很快在中华大地蔚然形成。3月26日，一篇题为《东方风来满眼春——邓小平同志在深圳纪实》的长篇通讯在《深圳特区报》发表，一夜间风靡大江南北，在国内外引起强烈反响。也就是在"南方谈话"之后不久，作为我国改革开放前沿阵地的深圳蛇口工业大道竖立起了继"时间就是金钱，效率就是生命"之后的第二块标语牌："空谈误国，实干兴邦"，直至如今。近30年来，这块标语牌一直矗立在蛇口，历经风雨，几次更换，却从未间断。它深情地守望着这片充满传奇的南国热土，默默地见证着特区经济社会的发展历程。"空谈误国，实干兴邦"，从深圳喊出的这句口号，为"姓资""姓社"的争论画上了休止符。

（二）入选为"深圳十大观念"之一

2010年8月，在深圳经济特区建立30周年之际，深圳市举办了深圳最有影响力"十大观念"评选活动，"空谈误国，实干兴邦"这一口号入选为"深圳十大观念"之一。以深圳为代表的经济特区一直是"空谈误国，实干兴邦"的践行者。创办经济特区近40年以来，深圳人一直秉承"空谈误国，实干兴邦"的理念，紧紧抓住经济建设不动摇，一心一意谋发展，敢闯敢试，埋头苦干，以发行新中国第一支股票，敲响中国土地拍卖"第一槌"等一个个"率先"与"第一"，引领改革发展潮流；以成立中国第一家产权交易机构，率先实施"文化立市"战略等一个个"率先"与"第一"，将改革开放推向深入。经过40年的不懈努力，深圳迅速从一个边陲小镇发展成一座现代化大城市，综合经济实力跃居全国大中城市前列，成功跻身"北上广深"一线城市的行列，创造了世界工业化、现代化、城市化发展史上的奇迹，成为探索中国特色社会主义道路的示范市。

1992 年的春天，《深圳特区报》连续刊发的蜚声中外的"猴年新春八评"中的第四篇《多干实事》，强调的就是经济特区事业的发展要靠实干。"言行之间，行重于言"。深圳的发展奇迹靠的就是敢闯敢试、敢为天下先的改革精神，海纳百川、兼容并蓄的开放精神，追求卓越、崇尚成功、宽容失败的创新精神，"时间就是金钱、效率就是生命""空谈误国、实干兴邦"的创业精神。深圳经济特区就是"空谈误国，实干兴邦"的最佳诠释。一个实际行动胜过一打纲领。深圳特区发展这么快，不是靠讲话讲出来的，不是靠写文章写出来的，而是靠实干干出来的。干，才是改造世界的直接力量。这样说，丝毫没有贬低纲领、路线的重要性。如果只讲不做，再好的理论、路线也是空中楼阁，再好的蓝图也是海市蜃楼。空谈泛论、纸上谈兵的形式主义，是为人民群众所深恶痛绝的。

（三）用实干托举起中国梦

经济特区承载着为中华民族复兴探索的历史使命，它与中国梦有着密切关联：从"道路"层面看，经济特区率先探索中国改革开放的发展道路，是中国特色社会主义伟大实践的重要篇章，为实现中国梦先行先试、提供经验；从"精神"层面看，经济特区不仅创造了辉煌卓越的物质成就，还创造了浓缩改革创新精神的先进观念，用观念照亮了"窗口"，彰显了实现中国梦的时代精神；从"力量"层面看，经济特区多民族齐聚和开放包容的品格，为中国梦在经济特区的落地生根聚合了力量。成功缘于实干，祸患始于空谈。今天，我们离民族复兴的梦想前所未有地接近，道虽迩，不行不至；事虽小，不为不成。经济特区这个年代，正展现了一个激情燃烧、干事创业的火红年代。在迈向现代化的进程中，一代代特区人，带着梦想，带着青春的光和热，用实干托举起中国梦。

应当看到，我们身边还有些干部热衷虚谈废务而不求真务实，讲的虽然头头是道，但就是落不到实际行动上；有的玩虚套子放空炮，光说不练耍假把式，只会纸上谈兵却从不知行合一。凡此种种，不仅让方针落空、政策变味，更耽误了事业、贻误了发展。当前，我国已进入全面建成小康社会决胜阶段，中华民族正处于走向伟大复兴的关键时期，机遇稍纵即逝，改革不进则退。因此，新时代不需要空谈式的干部，而需要只争朝夕、真抓实干的行动者。广大领导干部不仅要做新时代的见证者，更要成为新时代的创造者和建设者。要把心思用在实干上，把劲头用在实干上，把嘴上说的、纸上写的、会上定的，变成具体的行动和实际的效果，在实干中体现能力、在实干中展现追求、在实干中推动发展。习近平总书记指出，空谈误国，实干兴邦。只有真抓才能攻坚克难，只有实干才能梦想成真。经济特区要坚定舍我其谁的信念、勇当尖兵的决心，保持爬坡过坎的压力感、奋勇向前的使命感、干事创业的责任感，积极培育崇尚实干的环境，务实求变、务实求新、务实求进，为实干者撑腰，为干事者鼓劲，以昂扬的精神状态推动改革不停顿、开放不止步。"空谈误国，实干兴邦"，这是千百年来人们从历史经验教训中总结出来的治国理政的一个重要结论。的确，社会主义不是喊出来的，是实实在在干出来的。中国改革开放40多年来所创造的奇迹，靠的就是求真务实、真抓实干。

第四章　奋发有为　改革创新

毛泽东说，"人总是要有一点精神的"。精神不是万能的，但没有精神是万万不能的。90 多年来，中国共产党一路前行，从胜利走向胜利，从辉煌走向辉煌，就在于一直保持着一种奋发有为的精神状态。精神是力量，是魂魄。良好的精神状态是做好一切工作的重要前提。奋发有为的精神状态，不但可以转化为攻坚克难的坚强意志，而且可以转化为推动事业蓬勃发展的强大力量。经济特区自建立以来，披荆斩棘，改革创新，所向披靡，始终保持了一种奋发有为的精神状态。

一、锐意进取的蓬勃朝气

奋发有为是一种积极向上、有所作为的精神状态，主要表现为解放思想、改革创新、求真务实、艰苦奋斗等，但首要表现为一种锐意进取的蓬勃精神。正是保持了一种昂扬的锐气，经济特区才能做到引领时代，坚韧不拔，顽强拼搏，敢于并善于打开工作新局面。

（一）时间就是金钱，效率就是生命

"时间就是金钱，效率就是生命"是经济特区精神面貌的生动呈

现。在经历了长达20年的"左"的错误后，中国再也耽误不起了。"一万年太久，只争朝夕"，对彼时的中国来说，必须拿出时不我待的精神，与时间赛跑，才能更好地抓住机遇，迎接挑战。"时间就是金钱，效率就是生命"，既是经济特区务实高效的表现，更是展示了一种奋发有为、锐意进取的蓬勃精神。

在蛇口，袁庚提出了"时间就是金钱，效率就是生命"，这句话源于他在香港的一次体验。1978年，袁庚到香港主政招商局，当时袁庚拍板让招商局买了一座大楼，第一次交定金定在一个星期五的下午两点，卖楼方提出了一个要求，就是一定要按时把支票交给他。下午，袁庚带着2000万元的支票去签合同，签完后卖楼方拿着支票，派人开车以最快的速度赶到银行，将支票存了进去。原来，这天下午3点银行就要下班，一旦赶不上就得等到下个星期，这样会损失好几万元的利息，袁庚后来很感慨地说："如果是我们内地的同志，那就无所谓，这个支票就放到家里去了，因为他没有这个观念！这一课对我是个很大的教育，原来钱是这么重要。"在今天看来，这是再普通不过的一句话，但在改革开放初期，从诞生之日就引发了各种争议，有人理解为"资本主义的口号"，公然崇拜金钱。这块标语牌也多次竖起后又被拆下。1984年，邓小平在视察深圳时，对"时间就是金钱，效率就是生命"的口号表示肯定和赞许。从此，这一口号传遍中华大地，逐步成为人们的共识和行为准则，被誉为"冲破思想禁锢的第一声春雷"。在1984年中华人民共和国35周年国庆游行中，队伍中出现了一辆反映蛇口工业区建设成就的彩车，彩车上有一幅醒目的标语："时间就是金钱，效率就是生命。"这使得这一口号透过电视荧屏，进入亿万中国人的视野之中。

尽管"时间就是金钱，效率就是生命"这个口号引起了极大的社会争议，但是它所折射出的那种奋发有为的精神状态和锐意进取的蓬勃朝气，成为最有代表性、最能反映经济特区成立早期特区精神的观念。这一观念的出现是中国社会主义市场经济破壳的标志，也是特区精神的逻辑起点。从蛇口工业区分配制度、管理体制改革对高效率的鼓励，到国贸大厦"三天一层楼"的"深圳速度"，这句口号一直激励着特区人在市场经济改革中冲破思想禁锢，刷新国人观念。改革开放40年来，以深圳为代表的经济特区日新月异的发展速度，正是对"时间就是金钱，效率就是生命"的最好诠释。

蛇口招商局打出"时间就是金钱，效率就是生命"
的著名标语。

《春天的故事》词作者蒋开儒在1992年来到深圳，满目新鲜，他按捺不住激动的心情，给老伴写信说："深圳最吸引我的不是钱，而是观念。"他给记者念自己当年写下的句子："观念是由人创造的。这里的人，不谈谦虚谈自信，不排辈分排股份，不找市长找市场，不拜灶王拜财神，不求安稳求创新，不惜汗水惜光阴。光阴就是时间，时间就是金钱，效率就是生命……"① 生动地呈现了经济特区务实的精神风貌，这在当时绝对是一道靓丽的风景线。"文化大革命"结束后，由于长期处于缺乏激励机制的计划经济时期，社会上普遍存在一种安于现状、坐而论道以及"等、靠、要"的思想。1981 年 5 月 29 日，《人民日报》发表了《关于一场承包鱼塘的争论》，广东高要县农民陈志雄承包了 141 亩鱼塘，夫妻俩干不过来，就只好雇人，雇请固定工 5 人，临时工 2 人。《人民日报》还开辟专栏，针对陈志雄是否具有剥削性质展开讨论，讨论持续了 3 个月，最后竟有了个戏剧性的结尾。有人从马克思《资本论》的一个算例推出结论，8 个人以下就叫做请帮手，8 个人以上就叫做雇工，8 人以下不算剥削。② 正是这些无谓的争论束缚了人们的观念，浪费了中国发展和追赶时代的步伐。

毛泽东曾豪情地感叹"一万年太久，只争朝夕"。邓小平也始终把珍惜时间摆在十分重要的位置。根据不完全统计，《邓小平文选》第二、三卷共收录 179 篇文章，其中直接讲到时间、速度的就有 153 篇。可以说，争取时间加快发展是邓小平理论的一个重要内容和显著特点。马克思说过：时间的节约与分配是首要的经济规律，一切节约归根到底都是时间的节约。从某种程度上来讲，时间观念的日渐凸显，伴随了我们改革开放迄今为止的全部过程，市场经济注定要淘汰那些"走得比蜗牛还慢"的人。香港科技大学教授丁学良表示，社会学者曾经提出为什么长篇大论的巨著对社会产生的影响很小，简单的一两句口号反倒对社会产生巨大的冲击？因为它能为人

---

① 韩文嘉、姚卓文：《深圳敢闯敢试　敢为人先》，载《深圳特区报》，2016 年 6 月 27 日。
② 《一场关于承包鱼塘的争论》，载《人民日报》，1981 年 5 月 29 日。

们所理解。"时间就是金钱，效率就是生命"便是如此。这句话体现了市场经济的基本价值理念：注重效率，崇尚个性，也体现了特区人锐意进取的蓬勃朝气。

（二）三天时间能干什么

三天时间能干什么？36 年前，在建的中国第一高楼深圳国贸大厦用"三天一层楼"的记录给出答案。1981 年深圳市政府第一次换届后，新任领导班子立刻开始酝酿一座超高层商业办公建筑。当时深圳最高建筑物是只有 20 层的国际商业大厦。市领导在全国众筹资金后，初步定了一个 38 层的目标，目的是比内地最高建筑南京金陵饭店高一层。38 层建筑放在内地是第一，但和对面的香港比就不算突出，于是主要负责的领导以"解放思想"作为指导原则，在市委办公会上定了技术数据——做地下 3 层，地上 50 层，顶部停机坪的"国际范"超高层大厦。中南设计院总建筑师袁培煌为此拿出了一个总建筑面积 10 万平方米的方案。

那时国贸工地上共有 60 多对双职工，其中就有工程局副局长李传芳和在一公司技术科当主任的丈夫俞飞熊。这些天天见面的"牛郎织女"们，像单身职工一样，分住在大工棚集体宿舍里。而"深圳速度"就是这批最早来深圳的建设者们用辛勤的劳动创造出来的。在中国女排拿了世界冠军后，国贸大厦工地上还挂出了一个大标语——"发扬中国女排的拼搏精神，优质高速完成国贸工程施工"。

改革创新也是提高效率的法宝。国贸大厦承建方——中建三局彻底打破了大锅饭制度，实行计件工资。那时候流行一句话：奖金不封顶，大楼快封顶；奖金一封顶，大楼封不了顶。工人们的积极性被调动起来，最高拿到的工资是 600 多元。深圳经济特区建立之初，基本的生活条件远不及现在。在国贸大厦建设工地，有记者采访工人，问他们这么辛苦最希望得到什么？工人们说，只希望能够在落成的国贸大厦面前合个影。那时候，国贸以三天一层楼的速度往上"长"。中央电视台《新闻联播》平均每周都会播发一条关于深圳的新闻报道。画面中最常出现的就是这座正在一天天"长高"的中国第一高楼。1984年春天，在国贸"爬升"到一半的时候，第一次南方视察的邓小平站在旁边的国商大厦楼顶，亲眼观看了国贸工地。

深圳国贸大厦即深圳国际贸易中心大厦，占地面积2万平方米，建筑面积10万平方米，于1984年4月封顶。从1982年10月至1985年12月29日共37个月即竣工。以三天一层楼的速度建成，可见速度之快，这在当时是绝无仅

1982年开建的深圳国贸大厦。

有的，见证了当时的"深圳速度"。1992年邓小平南方视察时还曾来国贸大厦参观过。这年春天88岁的邓小平登上国贸大厦顶楼的旋转餐厅，在这里，他指出："1984年我来过广东，当时经济特区才刚起步。八年过去了，深圳和其他一些地方发展得这么快，我没有

想到。改革开放胆子要大一些，看准了的，就大胆尝试，大胆地闯！"这段话成为邓小平同志南方谈话的一个重要部分，国贸大厦也成为"深圳速度"的代名词。1992 年小平南方视察离开深圳的时候，说的最后一句话是："你们要搞快一点！"深圳人没有辜负总设计师的嘱托。不久，这一片热土上掀起了第二次快速建设的高潮。四年后，地王大厦以"两天半建设一层"的速度成就了亚洲第一高楼。

深圳国贸大厦可以说是深圳的一个地理坐标，是中国建成最早的综合性超高层楼宇。尽管国贸大厦楼高 53 层，但在高楼耸立的今天已不算是最高的一个，深圳第一高楼的位置先后被京基 100 大厦、平安金融中心项目主体建筑赶超，但它依旧是历史的地标，一个时代的符点。如今，深圳前海蛇口自贸片区则用"平均三天推出一项制度创新成果"再次为"深圳速度"做出了新的注解，用制度创新释放出巨大的发展红利。前海蛇口自贸片区管委会发布的最新成绩单显示：2012 年以来，片区注册企业平均每年都差不多增加一倍。

二、摸着石头过河的改革思维

经济特区的建立反映了中国在改革开放之初积极而慎重的态度。当时中国财力、物力有限，法律体系不完善，缺少对外经济交往经验。这种特殊的国情决定了中国的对外开放只能先从个别地方开始，在这些"试验田"里进行一种适合本国国情的大胆尝试，"摸着石头过河"，从传统计划经济的此岸走向完善的市场经济的彼岸。

（一）改革开放是个很大的试验

新中国成立后，为探索社会主义建设道路，以毛泽东为代表的中国共产党人付出了艰辛的努力，曾取得过成功的经验，也付出了沉痛的代价。发生在 20 世纪六七十年代的"文化大革命"更使中国的社会主义事业遭到巨大灾难。对中国搞社会主义建设的经验，邓小平做了深入的分析。他把错误分为两类：一类是照搬苏联的模式，满脑袋框框。另一类是我们自己的，如搞"大跃进"和"文化大革命"。他说新中国成立后我们的错误"总起来看，主要是不懂社会主义""最大的一条就是不重视发展生产力，所以我们国家落后了"。

深刻的历史教训让邓小平对发展经济有了更深刻的认识。他说不坚持社会主义，不改革开放，不发展经济，不改善人民生活，只能是死路一条。那么，如何发展经济？唯有改革开放。但这只是有了一个方向，甚至是不太明晰的方向，充满争议的方向。对此，邓小平有着清醒的认识。《邓小平文选》第三卷中有一篇题为《改革开放是很大的试验》的文章。他在谈话、讲话中都曾讲到这一观点。事实上，在邓小平同志关于中国改革开放的整体论述中，给人印象最深刻、最值得思索的一个方面，就是他对中国改革开放、乃至中国道路的"人类历史试验品格"的反复强调和精辟阐述。1985 年 8 月，他特别对来访的日本朋友强调："我们的整个开放政策也是一个试验，从世界的角度来讲，也是一个大试验。总之，中国的对外开放政策是坚定不移的，但在开放过程中要小心谨慎。"① 他在会见坦桑尼亚领导人时进一步强调："我们的改革不仅在中国，而且在国际范围内也是一种试验，我们相信会成功。如果成功了，可以对世界上的社会主义事业和不发达国家的发展提供某些经验。当然，不是把它搬给别国。"② 1986 年 3 月，他在会见新西兰客人时再次阐述了中国改革的试验属性："既然搞的是天翻地覆的事业，是伟大的实

---

① 《邓小平文选》第 3 卷，人民出版社 1993 年版，第 133 页。
② 《邓小平文选》第 3 卷，人民出版社 1993 年版，第 135 页。

验，是一场革命，怎么会没有人怀疑呢？即使在主张和提倡改革的人当中，保留一点怀疑态度也有好处。处理的办法也一样，就是拿事实来说话，让改革的实际进展去说服他们。"① 同年9月，他在回应美国记者迈克·华莱士对中国改革的评价时进一步解释说，中国正在做的事，"实质上是一场革命。从另一个意义来说，我们现在做的事都是一个试验。对我们来说，都是新事物，所以要摸索前进。既然是新事物，难免要犯错误。我们的办法是不断总结经验，有错误就赶快改，小错误不要变成大错误。"② 在一定意义上，改革开放以来的中国已成长为当今世界探索人类发展之道的一个最大的试验场，中西方文明、制度、知识、理论、资本等在此交汇、碰撞和融合，汇聚成当今世界最为壮观的一幅生机勃勃的人类历史试验画卷，不断激荡和创造出新的人类发展智慧，并从中孕育出人类历史发展新的方向与气象。

从历史深处看，中国改革开放40年伟大而光辉的探索历程，实际上就是在中国共产党的引领下，由超过世界人口五分之一的人类历史主体，所开拓出来的一场波澜壮阔而又生机勃勃的人类历史试验。纵观整个人类历史发展进程，20世纪以来的世界历史，正可谓是"三大人类历史试验"交替进行、交相辉映的历史。它们分别是：承前启后的资本主义的人类历史试验，苏联式社会主义的人类历史试验，中国特色社会主义的人类历史试验。在第一场人类历史试验中，在从1840年至1949年的一百多年间，中国只是充当了资本主义野蛮扩张的牺牲品。在第二场人类历史试验中，在从1921年到1978年的半个多世纪中，中国革命和建设取得了巨大的成功和成

---

① 《邓小平文选》第3卷，人民出版社1993年版，第156页。
② 《邓小平文选》第3卷，人民出版社1993年版，第174页。

就，但由于始终没有完全摆脱苏联式社会主义教条的羁绊，代价沉重。而只有在第三场人类历史试验中，中国共产党和中国人民才真正成为完全意义上的人类历史主体，从而在完整的意义上掌握了自己的历史命运，并成为人类历史进程的引领者和开创者。① 而起始于1978年的改革开放正是这一伟大人类历史进程的试验场。邓小平同志关于中国改革开放是一场人类历史试验的思想，所展示出来的正是这位历史伟人所拥有的伟大人类历史情怀，以及他对探索中国道路始终如一而又令人震撼的清醒战略。这一人类历史的中国试验打破了西方对人类历史发展道路的"普遍知识"的迷梦，从而揭示了世界历史进程的"试验品格"。

（二）经济特区是改革开放的"试验田"

在中国的改革开放史上，有一个关键词注定让人无法忘记，那就是"经济特区"。没有经济特区这个"钻头"，整个中国的改革开放在历史空间中的掘进就不会达到今天的深度和广度。改革开放是个很大的试验。既然不知如何做，就要进行试验，在不断地试错纠错中，不断匡正和明晰改革开放的方向。从理学和工学等学科的角度来说，实验得有"实验室"，试验得有"试验田"，经济特区则承担了这一角色。

作为改革的突破口、试验田，作为开放的窗口，经济特区在中国的改革开放史上书写了浓墨重彩的一笔，并在新时期继续演绎着有声有色的活剧。1979年7月，党中央决定：在深圳、珠海、汕头、厦门建立出口特区，后改名为内涵更丰富的"经济特区"；1980年8月26日，五届全国人大第十五次会议向全世界宣布：社会主义中国

---

① 张雪魁：《"中国实验"打破两个迷梦》，载《解放日报》，2017年2月21日。

创办了经济特区。美国《纽约时报》惊叹，"铁幕拉开了，中国大变革的指针正轰然鸣响"。

既然是"摸着石头过河"，那么在"石头"的选择上就必须深思熟虑。对外开放的决策确定后，如何具体实施，从哪里起步，选择一个什么样的突破口，并非易事。在中共中央高层的关注和支持下，经过面向世界认真分析国外经济发展情况，深入研究加速中国现代化建设的问题，广东、福建两省的领导及各界人士审时度势，积极争取，中央决定把突破口选在靠近香港、澳门、台湾地区的广东和福建两省，建立经济特区。这些区域对外来资本具有特殊的吸引条件，有条件实行市场经济体制和灵活政策。不过，要让经济特区承担起中国改革开放"开路先锋"的使命，还必须解放思想，实事求是，冲破不合时宜的观念束缚，大胆创新，打开一条新路。

经济特区的改革在"试验"中层层推进：基本建设管理体制的"试验"，试出了一个招标投标；价格体制的"试验"，试出了双轨制的并轨；人事管理制度的"试验"，试出了市场化的人才机制；企业改革的"试验"，试出了国有企业的股份制改造……同时，这种"试验"又像是蹚雷，经济特区获取的负面经验使后来者得以避开雷区，绕开陷阱，在改革开放中走得更加平坦、快捷。如大开发中的房地产泡沫问题、吸引外资中的产业结构问题、开发建设中外来人口的管理问题、外资企业的劳资矛盾问题、对外开放中泥沙俱下的"黄赌毒"问题等，都是在经济特区打了遭遇战后，提醒各地党政领导，制定相应的对策，筑起思想和政策的防线。

（三）摸着石头过河

中国改革开放的总设计师邓小平确定了改革开放的基本国策，但是并没有为改革的具体过程设计详细的路线图。相反，他认为改革是"伟大的试验",鼓励地方政府"看准了的,就大胆地试,大胆地闯",这是一种典型的"摸着石头过河"的战略。邓小平同志对中国改革的实践特色始终都保持一种高度的敏感和清醒的认知,中国改革在实践上拒绝任何现成的答案和固有的知识谱系,就成为一种历史的必然。他多次讲过:"我们干的事业是全新的事业,马克思没有讲过,我们的前人没有做过,其他社会主义国家也没有干过,没有现成的经验可学,我们只能独立思考,从自己的实际出发来制定政策,在干中学,在实践中摸索"。"摸着石头过河"是邓小平主导的中国改革开放的重要思路,也是一种指导实际工作的方法论。对过去40年来的政策设计具有现实的指导意义,尤其对于大胆解放思想、积极稳妥推进改革起到了重要作用。采取这种方法论,有其一定的历史背景。在改革开放初期,我们对改革目标的认识尚未完全清晰,改革的实施路径也面临着一定的风险和不确定性。这时候我们就需要采用渐进式、试错的方法推进改革,在实践中检验我们的想法是否对路。渐进式、试错法、实践检验是其中的三个关键词。

在整个改革开放过程中,中国自觉以后进者的姿态进行着也许是人类历史上最大规模的对"异域知识"的吸收和学习。但是,中国领导人却从未因此而盲信西方基于其自身实践所建构起来的那一套关于人类社会和历史发展的知识体系,特别是从来没有盲信过新自由主义向转型国家许诺的那一套现成的"普遍性知识"。与之相反,他们更重视中国普通民众的实践智慧——中国民众的"地方性知识"。邓小平同志在总结中国改革的经验时多次强调:"中国改革起步于农村,而农村改革中的好多东西,发明权是农民的,我们把它拿来加工提高作为全国的指导。"他把农民看作是中国改革当中最大的实事求是派,并以此出发来向世人解释什么是马克思主义的精髓，为什么"马克思主义是打不倒的"。中国尊重"地方性知识"而不是"普遍性知识"的改革模式，就是摸着石头过河。虽然摸着石头过河不符合正统理论主张的改革模式，但是这种试验性的转型模式为市场秩序的有序生成创造了各种可能的形式、路径和空间，最大限度地增加了政策回旋的余地和成功的概率。① 这一遵循"地方性知识"的中国改革模式，打破了西方"普遍知识"的迷梦。

（四）"大胆创新、不怕失败"的胸襟

要创新，就要坦然面对失败。失败乃成功之母，讲的就是这个道理。在人类社会的创新过程中，最具杀伤力的因素不是失败，而是环境对于失败者的苛责。创新是对未知事物的一种尝试和探索，难度越大的创新，失败的可能性越大。通用电气的创始人爱迪生在发明灯泡的过程中，尝试了 1600 多种材料做灯丝，最后才获得成功。可见，只有敢于冒险、不怕失败，才有可能取得成功。但是，传统的中国社会始终缺少一种允许和面对失败的氛围和环境，成王败寇的观念成积垢流弊。主观上，一失败即认为失了面子；客观上，一失败就往往遭到责难乃至惩罚。久而久之，就形成了一种社会不容许失败、创新者也害怕失败的环境，导致创新者急功近利，急于求成，而一遇挫折，就一蹶不振，从而严重影响和束缚了整个社会的创新。

经济特区在迷茫、争论和摸索中的创新之路曲折而艰辛，行差踏错在所难免。特区人将改革的探索叫做"试验"，他们有敢闯敢试的大无畏精神，更有"大胆创新、不怕失败"的胸襟，即"允许改革失败，不允许不改革"。在某种程度上，一部经济特区的历史就是

---

① 张雪魁:《"中国实验"打破两个迷梦》，载《解放日报》，2017 年 2 月 21 日。

一部不断"试错"的历史，宽容失败是"试错"的应有之义。失败者每失败一次，往往便离成功就更近了一步。所以我们不仅要宽容失败者，而且要敢于重用失败者。宽容失败，不仅是一种人文关怀，更是对失败价值的认识和尊重。在经济特区的发展历史中，人们不难记住特区在"试验"中出现的种种失误，更难忘记特区扭错行正后的成功。

发生在1992年8月10日的那场"股票风波"是深圳在股份制探索中经历的一次重大挫折。那一年，120多万人云集深圳买股票，而1/3的抽签表却从"后门"给分掉了。排了几天几夜而空手无获的股民十分不满，由此引发了一场混乱。当晚，几千股民打着"坚决反对作弊""我们要公平，我们要股票"的横幅，沿着深南中路向市政府方向游行。"这场风波波及面之广，影响之坏，是建特区以来所没有的，给改革开放造成了损失，给我们的教训非常深刻。"深圳市委原书记李灏在接受记者采访时说。面对这场风波，深圳市委、市政府认真总结，深刻反思，使这次风波为今后股票的发行和证券市场的健康发展提供了宝贵的经验和教训。深圳的股份制改造由此而加快了发展步伐，只用10年的时间就完成了从一个地方性小市场到全国性大市场的跨越。

为了让广大干部保持闯的勇气、创的热情，深圳早在2006年便在国内首次提出"容错机制"，出台了《深圳经济特区改革创新促进条例》，有针对性地提出了一些"免责条款"。《条例》规定：改革创新工作未达到预期效果，但同时符合以下情形的，可以免于追究有关人员的责任：改革创新方案制定和实施程序符合有关规定；个人和所在单位没有牟取私利；未与其他单位或者个人恶意串通，损害公共利益的。之后，在2016年，深圳再次出台《关于支持改革创新建立容错纠错机制规定（试行）》，态度鲜明地鼓励和保护改革创新的干部，以制度的关怀与包容调动干部积极性。可以说，深圳特区之所以能从"杀出一条血路"到"走出一条新路"，与改革创新的容错气度不无关系。

三、从"闯"到"创"的创新逻辑

改革创新就是突破陈规、大胆探索、勇于创造、锐意进取，是党和国家发展进步的动力源泉。从经济特区的发展历程来看，改革创新是特区精神的内核，也是特区生命力的支撑。不过，经济特区发展前后的创新逻辑是存在重大区别的，从"闯"而"新"到"创"而"新"的痕迹非常明显。

（一）从"山寨之城"到"创客之城"

美国当地时间 2015 年 3 月 10 日，一则写着"MAKE WITH SHENZHEN（与深圳共同创造）"的深圳"创客之城"巨幅广告亮相纽约时代广场的大屏幕。这是 2015 年深圳创客周的主题宣传，彰显了这座城市对"创造"的强烈渴望。"创客"一词来源于英文单词"Maker"，是指出于兴趣与爱好，努力把各种创意转变为现实的人。近年来，深圳创客队伍不断壮大，数以万计的创客活跃在深圳的各个角落。柴火空间、创客工场、矽递科技等创客机构在国内外创客领域已具有一定的知名度和影响力。2015 年 1 月 4 日，国务院总理李克强到深圳"柴火创客空间"考察，在全国掀起了一股"创客"文化热潮。创客是创新创业重要的助推者。创客的聚集、创客文化的兴起是深圳这座"创新之城"最时尚的表征。①

---

① 《"创新之城"深圳是如何炼成的》，载《人民日报（海外版）》，2015 年 4 月 15 日。

2017 年 4 月，英国《经济学人》杂志发表特别报道《深圳已成为创新温室》，就深圳为何成为世界创新和发明的"皇冠上的明珠"、如何改写世界创新规则、怎样培育创新型企业集群进行了系统而生动的分析，并给深圳起了一个比硅谷更为传神的美名——"硅洲"（Silicon Delta）。[①] 文章说，1980 年至 2016 年期间，深圳的实际 GDP 年均增速惊人，到目前

深圳"创客之城"巨幅广告亮相美国纽约时代广场。

达到近 2 万亿元。这个城市的南山区有 120 多家上市公司，市值合计近 4000 亿美元。不像北京有很多顶尖大学，深圳只有少数几个高等院校。但是，中国各地的大学毕业生却纷纷涌向这座城市。深圳在研发上的支出超过 GDP 的 4%，是中国内地平均水平的两倍。南山区的比例则超过 6%，大部分资金来自私营公司。深圳的企业还有更多的国际专利，其中大多是高质量的专利。深圳一个城市所获得的国际专利已超过了法国、英国。应该说，作为全球创新中心的后起之秀，深圳正在领跑世界创新潮流，并引起世界的广泛关注。目前的深圳已成为硬件和制造业创新的全球枢纽，这里的各国企业家将带出全新的产业。深圳正释放出产业转型升级的强大驱动力，引

[①] 《世界"硅洲"！英国〈经济学人〉为深圳加冕》，载《南方日报》，2017 年 4 月 12 日。

领珠江三角洲"强身健体"，提高国际竞争能力，成为创新皇冠上的明珠。

（二）特区的生命力在于不断创新

特区因创新产生，又因创新具有了勃勃的生机活力。深圳市原副市长张思平说："深圳这座城市因改革而生、因创新而强，以先行先试为己任，以改革创新作为立市之本、发展之机、活力之源。"①尽管在"中国制造"的浪潮中，深圳一度被冠以"山寨之城"，但创新的特质让深圳能够迅速捕捉世界发展的潮流和机会，率先进行发展方式的转型。深圳主动实施创新驱动战略，以 1999 年首届"高交会"的举办为标志，深圳及时推进从杀出血路到转换动力，特区改革由"1.0 版本"向"2.0 版本"升级，自主创新能力不断提升，成为国家自主创新示范区。2015 年，深圳 PCT 国际专利申请量连续 12 年居全国首位，2014 年、2015 年，深圳全社会研发投入经费占本市生产总值的比重分别为 4.02% 和 4.05%，在各大城市位居前列。②4G 技术、3D 显示、新能源汽车、无人机等领域创新能力跻身世界前列，华为、腾讯、华星光电等企业在重大产业领域赢得全球话语权、议价权。

创新是经济特区的灵魂。经济特区之所以发展得这么快，一个重要原因就是运用创新这一法宝。第一，创新观念。如深圳率先提出"时间就是金钱、效率就是生命"等体现深圳速度的代名词。第二，创新体制。经济特区率先将社会主义制度和市场经济有机结合

① 孙天明、庄树雄、张小玲：《"改革闯将"留给深圳什么?》，载《深圳都市报》，2014 年 11 月 24 日。

② 何泳、李明：《深圳专利申请量首次突破 10 万》，载《深圳特区报》，2016 年 4 月 26 日。

起来，大胆地进行体制与机制的创新。第三，创新举措。经济特区率先推行招聘录用、竞争上岗、合同用工，率先发行股票等。总之，经济特区勇于探索，敢于创新，大胆地试，大胆地闯，始终站在改革开放的前沿，引领着改革开放的时代潮流，成功地扮演了中央赋予的"试验田""窗口""排头兵"的角色，为中国特色社会主义发挥了先行示范作用。

深圳科技园聚集了腾讯等一大批创新型企业。

创新是经济特区与生俱来的特质。在荒原上创造未来犹如在白纸上作画，经济特区从开始就包含开拓创新的基因。经济特区的创立，本身就是党的一项伟大创新，经济特区由此具备了创新的禀赋，同时也承担起创新的责任。值得一提的是，特区的移民文化也为创新提供了温床。移民来自全国各地，带着各种各样的动机和梦想来到特区，他们的共同点就是对原居住地的"不满足"，所以需要到这里来寻求满足。对于每一个移民来说，"闯"就意味着"告别传统"，丢掉自己原有的某些旧的文化习惯。这种特质使经济特区形成了以"敢于冒险、崇尚创新、追求成功、宽容失败"为内核的创新文化和氛围。如今，创新居于新发展理念之首，处在国家发展全局的核心位置，是引领经济社会全面发展的根本支撑与第一动力。作为经济特区，在创新方面要作出表率，强化包括制度创新、科技创新、开放创新、万众创新等在内的创新体系的构建，引领新一轮的创新浪潮。

（三）从"特区速度"到"特区质量"

如果说当年"三天一层楼"的深圳速度曾让世界惊叹，那么现在令世人瞩目的不仅是一以贯之的"特区速度"，更有持续提升的"特区质量"。曾几何时，深圳被外界称为"山寨王国""仿冒商品之都"；时至今日，"中国硅谷""创新中心"已经成为深圳的新名片。应该说，特区速度是靠创新而来，特区质量更是靠创新而来，创新在经济特区发展史上经历了从"闯"到"创"的逻辑演变。

经济特区建立之初，凭借创新精神，催生了新中国土地拍卖"第一槌"、第一张股票、第一家企业自办股份制商业银行、第一个外汇调剂中心、第一家证券交易所等数百项"全国第一"，初步构建了社会主义市场经济体制的框架。在这段时期，由"闯"带来的"新"更加明显一些。发展阶段跃升之时，还是凭借创新的精神，经济特区率先提出"二次创业"的口号，着力调整产业结构，发展高新技术产业。珠海率先重奖科技人员；深圳则作为中国首个创新型城市试点，形成了90%以上的研发机构设在企业、90%以上的研究开发人员集中在企业、90%以上的研发资金来源于企业、90%以上的发明专利出自企业等"六个90%"的自主创新体系，为中国自主创新提供了弥足珍贵的实践样本和发展模式。因此，国家在深圳经验的基础上，又新增16个国家创新型城市试点。在这段时期，由"创"带来的"新"更加鲜明。

实际上，"敢闯敢试"的特区精神包含了"创新"的意蕴。但是从改革开放初期的时代背景来看，"敢闯敢试"更多的是一种胆识、勇气和担当。鉴于创新在经济特区发展中的"灵魂"作用，有必要在特区精神中把创新单列出来。从经济特区的发展历史来看，创新可以从三个层面来理解：一是在观念层面上，敢于突破传统思想和观念的束缚，遇到前人未曾涉及的"盲区""禁区""难区"时，大胆地闯，大胆地冲。二是在制度层面上，敢于突破旧的制度和体制，进行制度创新。三是在技术层面上，通过引进吸收创新、继承创新以及原始创新等方式，不断提升技术的竞争力。对于今天的经济特区来说，创新应该成为一种常态，实现由"闯"到"创"的转变，通过不断地改革，创设良好的制度环境，培育创新的内生动力。

（四）技术创新和制度创新孰轻孰重

改革开放40年来，深圳、珠海、汕头、厦门、海南5个经济特区发挥了改革"试验田"和对外开放重要"窗口"的作用，为全国改革开放和社会主义现代化建设作出了重大贡献。通过经济特区的探索实践经验可以看出，制度创新是推动经济特区发展的重要一环。正如习近平总书记在庆祝海南建省办经济特区30周年大会上指出，经济特区要勇于扛起历史责任，适应国内外形势新变化，按照国家发展新要求，顺应人民新期待，发扬敢闯敢试、敢为人先、埋头苦干的特区精神，始终站在改革开放最前沿，在各方面尤其是先行先试、大胆探索，为全国提供更多可复制、可推广的经验。

制度创新是人类社会发展进程中永恒的主题。1979年4月，邓小平同志首次提出要开办"出口特区"，后于1980年3月，"出口特区"改名为"经济特区"，并在深圳加以实施。此后，中共中央、国务院同意在广东省的深圳、珠海、汕头三市和福建省的厦门市试办出口特区。1980 年 5 月，中共中央和国务院决定将深圳、珠海、汕头和厦门这四个出口特区改称为经济特区，由此拉开了经济特区发展的帷幕。实践充分证明，没有制度创新，就没有今天经济特区的发展。以深圳为例，2017 年深圳的 GDP 总量达到 2.2 万亿元，仅次于上海和北京，成为中国第三大经济城市。事实上，40 年前，深圳还只是一个小渔村，经过 40 年的制度创新和艰苦奋斗，一座崭新的现代化城市腾地而起。不管是中国第一块集体土地的拍卖，还是对外体制机制的持续革新，深圳始终走在制度创新的前列。

展望未来，经济特区要通过制度创新，更加主动地参与和推动经济全球化进程，发展更高层次的开放型经济，加快推动形成全面开放新格局。同时，要继续深化金融、外贸、投资、科技、人才等领域的制度创新，探索建立开放型经济新体制，大力发展非公有制经济和混合所有制经济，建设统一开放竞争有序的现代市场体系，加强法治和信用建设。经济特区建设发展应着眼于三个方面的制度创新：一是加快建立以负面清单管理为核心的投资管理制度，形成与国际通行规则相一致的市场准入方式，促进国际投资的便利化，持续对接国际通行的经贸规则，建设国际一流的营商环境，促进外商投资稳定增长；二是确立符合国际高标准贸易便利化规则的贸易监管制度，通过程序和手续的简化、适用法律和规定的协调、基础设施的标准化和改善，为国际贸易交易创造一个协调的、透明的、可预见的环境；三是推动金融制度创新，确立适应更加开放环境和有效防范风险的金融创新制度。新常态下更需要金融的创新，市场要求我们必须用新的办法解决新的问题。同时，做好资本金、杠杆率、系统性风险以及信息方面的收集、系统的建立和对统计数据的监测。

四、在改革创新新征程上奋发有为

改革是由问题倒逼而产生，又在不断解决问题中得以深化。改革开放越往纵深发展，新老问题和矛盾就越是交织叠加。我国经济已由高速增长阶段转向高质量发展阶段，推动质量变革、效率变革、动力变革面临诸多新课题。越是面对复杂的国际国内经济形势，就越要认识到贯彻好稳中求进的工作总基调具有特别重要的意义。稳是主基调，稳是大局，在稳的前提下才能在关键领域有所进取。

（一）事在人为，事靠人为

贯彻稳中求进工作总基调，不是无所作为，不是不敢作为，而是要知难而进、奋发有为、以进促稳。中国特色社会主义进入新时代，这是党的十九大对我国发展新的历史方位的判断。新时代有新的历史使命，面对主要矛盾的变化，面对复杂多变的国际形势，我国该如何应对？越是艰难的时刻，经济特区越要拿出逢山开路、遇水架桥的勇气，继续在改革开放中提供攻坚克难的路子和经验。

精神是力量，是魂魄。良好的精神状态是做好一切工作的重要前提，不但可以转化为攻坚克难的坚强意志，而且可以转化为推动事业蓬勃发展的强大力量。要完成如此重任，经济特区能否始终保持奋发有为、昂扬向上的精神状态至关重要。始终保持奋发有为、昂扬向上的精神状态，就是要从思想深处真正解放思想。思想是行动的先导，思想解放了，发展的空间就会拓宽。在改革开放40年的发展历程中，在发展实践中所取得的每一次重大突破，每一个重要进步，都与思想的大解放、观念的大更新密不可分。特区干部群众要树立不进则退、慢进也是退的忧患意识，树立争先赶超意识，以锐意改革、敢为人先的精神，以尊重规律、求真务实的态度，大胆革除一切陈规陋习，勇于冲破各种思想禁锢，只要有利于科学发展、跨越发展，就要大胆地试、大胆地闯、大胆地干，不为已取得的成绩而盲目乐观，不因"小进"而自满，不为陈规所束，不为传统模式所限，坚决克服小富即满、不敢竞争、等靠要的心态，始终保持奋发有为的状态、攻坚克难的劲头、真抓实干的作风，咬定青山不放松，不达目的不罢休，撸起袖子加油干，干在实处、干出实效、干出实绩，创造经济特区更加美好的未来。

（二）辩证看待"摸着石头过河"和加强顶层设计

所谓政策试验，指的是凡属影响持久、深入、广泛的大型公共决策，在可能的情况下，要选择若干局部范围（如单位、部门、地区）先试先行，然后在总结经验的基础上形成整体性政策或者全面铺开这样一套做法。政策试验作为政策工具，一直受党和国家领导人高度重视，并且形成了一套成熟的认识论和方法论。具体地说，政策试验对改革决策所起的作用主要是，使中国的改革决策得以把发展目标的紧迫性与发展过程的渐进性很好地结合起来。中国的现代化是追赶型现代化。如果发展目标低，中国就难以摆脱落后状态；如果发展目标高，在发展过程上又急于求成，企图一步到位，那么，造成的后果也是不堪设想的。中国改革开放政策的总设计师邓小平找到了把发展目标的紧迫性和发展过程的渐进性很好地结合起来的有效方法：一方面，他强调发展目标要高，发展速度要快；另一方面，他又强调"实事求是，一切从实际出发"，强调"摸着石头过河"，强调试验和试点的作用。政策试验使中国的改革决策既避免了可能因追求高目标而导致的急躁冒进，也避免了因强调渐进性而可能出现的保守性。

中国的改革决策因政策试验而节约了改革的成本，降低了改革的风险。历史和现实的经验都证明，任何重大的政治、经济、社会和文化改革，如果不经过政策试验，都可能出现决策失误，使改革付出巨大的成本，甚至演出满盘皆输、万劫不复的惨剧。改革开放以来中国各方面发生的变革都是史无前例的，但是由于各项改革决策都是建立在试点—推广的基础上，就使改革基本上避免了大的失误的发生。

而改革40年来，许多领域的改革已然进入攻坚阶段。我们积累了大量的改革经验，并且改革的重点、难点也逐渐清晰。这时长期渐进式改革留给我们的主要问题是各部门、各地区、各阶层的利益需要进行梳理。这种情况下，需要进行顶层设计，在权衡各方利益的前提下，提出激励相容的改革措施。在此基础上，明确改革目标，提出清晰的改革路径、日程表。因为中国的改革是非常特殊的，没有完全契合的模式可以借鉴，一旦地方的改革试验是失败的，或者说虽然取得了经济成就但是不被当时的主流意识形态所接受，地方政府承担的改革风险极大。当改革进入深水区时，任何一个环节的改革都会"牵一发而动全身"，因此改革失败的成本更高、风险更大、影响更持久。相对于前期的改革，深层次的改革所要解决的问题更加复杂。

改革开放是前无古人的崭新事业，必须坚持正确的方法论，在不断实践探索中推进。摸着石头过河和加强顶层设计是辩证统一的，推进局部的阶段性改革开放要在加强顶层设计的前提下进行，加强顶层设计要在推进局部的阶段性改革开放的基础上来谋划。要加强宏观思考和顶层设计，更加注重改革的系统性、整体性、协同性，同时也要继续鼓励大胆试验、大胆突破，不断把改革开放引向深入。

（三）创新让改革的浪潮更澎湃

创新是历史进步的动力、时代发展的关键。唯改革者进，唯创新者强。今日世界，竞争愈来愈大。就像乌鸦喝水，一只老乌鸦经过长年累月的摸索，终于琢磨出了丢石子的方法，从此它就顺畅地喝到了水。并且经常被人夸赞，方法还被写进了教科书。然而忽然有一天，飞来了另外一群乌鸦，这群乌鸦根本不会衔石子，但个个嘴里都带着一根吸管。如何避免被时代淘汰？唯有创新。习近平总书记强调，新形势下，坚持和发展中国特色社会主义仍然有许多重大课题需要探索实践，有许多新的领域需要开拓创新。当前，改革在很多领域突入了"无人区"，经济特区要坚持摸着石头过河，逢山开路，遇水架桥，在实践中求真知，在探索中找规律，不断形成新经验、深化新认识、贡献新方案。另外，放眼世界，发达国家纷纷实施"再工业化"战略，创新势头有增无减。中国也在2015年及时出台了"中国制造2025"的制造强国战略。但是实现制造强国战略并不是一帆风顺，经济特区生于创新，兴于创新。在新一轮全球创新浪潮中，经济特区要在全国创新中继续发挥引领作用，全速转动创新引擎，使发展真正"换挡不失速"，骇浪惊涛从容渡。同时，全社会也要弘扬经济特区特别能创新的精神，发挥创新作为引领发展第一动力的功能作用，上下同心，全社会一起努力，推动创新发展在全社会蔚然成风。

面对新时代，我们该如何创新？以什么为突破口来创新？今天，创新必须以问题为导向，树立新思维。问题是实践的起点、创新的起点，抓住问题就能抓住经济社会发展的"牛鼻子"。树立问题意识、坚持问题导向，瞄着问题去，追着问题走，把化解矛盾、破解难题作为履职尽责的第一要务。始终坚持守土有责、守土负责、守土尽责，碰到难题敢于触及，遇到矛盾主动解决，想方设法把问题化解在萌芽状态。用新发展理念衡量工作、指挥行动、训练干部，大力提升运用新发展理念指导实践、推动工作的能力，提升引领新常态、推动改革创新的能力，提升依法行政、依法办事的能力，提升履职尽责、担当作为的能力。

第五章 开放包容 海纳百川

　　我国近代以来的历史经验证明，要实现现代化，闭关自守是不行的，必须探索出一条适合我国国情的对外开放的新路子。20世纪70年代后期，中国仍在实行高度集中的计划经济体制，生产什么、生产多少、用什么方式生产，都由国家来决定，这使得劳动者和经营者的积极性受到很大影响，生产资料无法得到有效配置。而在中国之外，第三次新技术革命浪急潮涌，西方许多发达国家的经济出现了高速增长，中国周边的一些国家，像日本和韩国的经济也在迅速发展着。这种巨大的落差让当时中国的领导人意识到：中国的发展离不开世界，要想发展就必须对外开放。但由于我国经济发展不平衡，对外开放只能先从局部地区开始，然后再逐步推广到全国。40年来，经济特区充分发挥毗邻港澳台的地理优势，运用国家给予的优惠政策，以巨大的包容性，率先通过中外合资、中外合作、外商独资、"三来一补"等形式吸引了大量外资。在此基础上，经济特区通过外引内联，把资金、技术、信息等向内地转移、传递和推广，充分发挥了窗口作用和示范带动作用，有力地促进了内地经济发展。

一、面向世界的眼光

按照一位西方学者的观点，世界文明史的本质就是新的文化技术代替旧的文化技术的过程。随着一种新的文化技术的普及，整个社会结构和政治组织都迟早要发生变化。要打破一种长期以来的习惯，接受一种新的文化或者技术，不亚于一场痛苦的蜕变。这种痛苦的蜕变首先要从视野的转换开始，要具备面向世界的眼光。人们常说，胸怀决定境界，眼光决定未来。眼光越远，发展空间就越大。

（一）现在的世界是开放的世界

每个时代都有自己的问题，用马克思的话说："问题就是公开的、无畏的、左右一切个人的时代声音。问题就是自己时代的口号，是它表现自己精神状态的最实际的呼声。"① 在把握时代主题问题上，邓小平目光远大、襟怀宽广，总是站在国际大局与国内大局相互联系的高度审视中国和世界的问题，思考和制定中国的发展战略。正是因为这样，中国特色社会主义才能不断回答实践和时代提出的重大问题，使马克思主义获得了新的时代内涵，也使社会主义中国融入时代潮流，具有鲜明的时代特色。

1949年中华人民共和国成立后，共和国的领袖们在对外政策方面决定打扫干净屋子再请客。但是，由于历史与现实矛盾的纠结，中国人民不得不面对一扇逐渐关闭的国门。国家、社会和普通民众与国际社会的交往长期处于低谷。古话说得好，"不谋全局者不足谋一域"。全球范围内生产力和科学技术的迅猛发展，各种生产要素跨国界的加速流动，使得世界各国经济联系越发紧密，成为一个相互

---

① 《马克思恩格斯全集》第40卷，人民出版社1982年版，第289页。

依赖、不可分割的统一整体。在这个"地球村"中，我们如果"近视"，小富即安、不思进取，只看到短暂的利益，只看局部的得失，缺乏长远的发展意识；或者"弱视"，只看到自身的优势，陶醉于已经取得的成绩，缺乏忧患意识和紧迫感，都必然会导致我们丧失发展的机遇和后劲。一个国家、一个地区、一座城市，要想更好地生存和发展，跟上时代前进的步伐，就必须面向世界，把眼光放在全球的大棋盘上加以考量。邓小平坚定不移地推动中国抓住机遇、融入世界。他准确判断国际形势，坚决主张对外开放，认为"现在的世界是开放的世界"，社会主义不是离开人类文明大道固步自封的产物，而是对人类文明的继承和发展，强调社会主义要赢得与资本主义相比较的优势，就必须大胆吸收和借鉴人类社会创造的一切文明成果，吸收和借鉴当今世界各国包括资本主义发达国家的一切反映现代社会化生产规律的先进经营方式、管理方式。

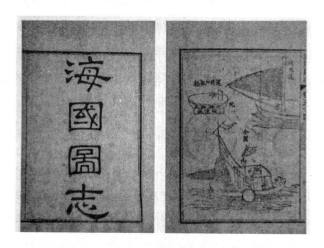

魏源在《四洲志》的基础上，广泛收集外国文献和著述，编纂辑录，历经三次修改完成《海国图志》一书。此书于1842年12月编就，共50卷，约50余万字。

"现在的世界是开放的世界"，这一论断是世界眼光的体现，也是开放的基本前提。鸦片战争后，林则徐、魏源、龚自珍等人成为"睁眼看世界的第一人"，但他们只不过睁了半只眼睛，带有很大的局限性。由于没有完全睁开，眼界自然受到限制，也产生不了那种强烈的危机感。相反，同时期的日本则把世界的眼光发挥到极致。某日本学者认为，偶尔夹杂到日本去的《海国图志》成为他们看世界的窗口，强烈的危机感使他们走上了明治维新的强国之路。这是一个极其鲜明的对比，也是一个惨痛的教训。因为在第一次鸦片战争后，中国浪费了多年的发展时间，又惨遭第二次鸦片战争的打击。由此可见，拥有世界的眼光是何其重要。

（二）关起门来搞建设是不行的

所谓改革开放，实际上是以开放促改革。只有打开大门，才能看清世界大势，先进的要学习，落后的要避免，这样的改革才是行之有效的。反之，关起门来搞改革则可能收效甚微。既然世界是开放的，中国就必须拥抱开放的潮流。邓小平指出："中国在西方国家产业革命以后变得落后了，一个重要原因就是闭关自守。建国以后，人家封锁我们，在某种程度上我们也还是闭关自守，这给我们带来了一些困难。三十几年的经验教训告诉我们，关起门来搞建设是不行的，发展不起来。"① 对于当时的中国来说，关起门有两种，一种是对国外；还有一种是对国内，就是一个地区对另外一个地区，一个部门对另外一个部门，"两种关门都不行"。基于对历史和时代的深刻认识，中国开放的大门逐步打开。一是对国外开放，一是对国内开放。当然，关键的是对国外开放。邓小平一再强调说："要实现

---

① 《邓小平文选》第 3 卷，人民出版社 1993 年版，第 64 页。

四个现代化，就要善于学习，大量取得国际上的帮助。要引进国际上的先进技术、先进装备，作为我们发展的起点。"①

（三）中国越发展，就越开放

中华人民共和国成立之初，中国人睁大了眼睛，紧紧地盯住国门，防范着一切可能发生的侵害；40 年前，中国人睁大了眼睛，惊喜地望着国门外陌生的世界，心中震惊着与世界的巨大落差；如今，中国人睁大眼睛，不再有焦虑和惊诧，而是从容地观察着国内国际的市场，捕捉着财富的机会和给生活带来快乐的物质。在一场历史上从未有过的大开放中，中国实现了伟大的历史转折，也顺利推动了经济体制的全面转型，成为全球范围内以开放促体制转型的成功范例。

而率先完成这一转型的无疑是经济特区。经济特区一开始的定位就是"出口特区"，对外开放是其与生俱来的属性。经济特区的发展历史说明，"中国越发展，就越开放"，不开放只有死路一条。2018 年 4 月 13 日，习近平总书记在庆祝海南建省办经济特区 30 周年大会上发表重要讲话指出，世界经济仍然面临诸多复杂挑战，新增长动能缺乏，增长分化加剧。把困扰世界的问题简单归咎于经济全球化，搞贸易和投资保护主义，想人为让世界经济退回到孤立的旧时代，不符合历史潮流。正确的选择是，充分利用一切机遇，合作应对一切挑战。与西方国家掀起的逆全球化浪潮相反，中国正在推动更大范围、更宽领域、更深层次的开放型经济，彰显了负责任大国的胸怀和担当。但同时也要看到，经济全球化进程遭遇逆风，我国构建开放型经济也会面临诸多挑战。2018 年 3 月 7 日，习近平

---

① 《邓小平文选》第 2 卷，人民出版社 1994 年版，第 133 页。

总书记在全国"两会"期间，参加了广东代表团的审议，殷切期望广东在"形成全面开放新格局"方面走在全国前列。广东如何承担起这一重要的历史使命？经济特区无疑是一个巨大的优势。在全球化浪潮中，经济特区作为对外开放的桥头堡，其作用更加突出、使命更加明确，就是作为中国经济加速与世界经济对接的"先遣部队"，就是在参与国际交流、国际合作和国际竞争中做披荆斩棘的开路先锋。在推动全面开放的过程中，应大力弘扬经济特区开放包容、海纳百川的精神，充分发挥好经济特区先行先试的优势，为全国加快发展更高层次的开放型经济贡献经验和方案，既要提高"走出去"的质量，又要营造良好的营商环境，吸引高端要素的集聚。

二、包罗万物的气度

20 世纪 80 年代，当中央决定在深圳、珠海、汕头和厦门建立经济特区时，除了拥有特殊的政策，经济特区的创办几乎是"从零开始"的，尤其是薄弱的物质基础，让经济特区的启动和前行之路充满未知数。因此，实行对外开放，吸引劳动力、外资和技术流入经济特区，成为经济特区迅速改变"零基础"的最佳选择。要做到这一点，经济特区就必须有包罗万物的气度，包容不同元素共生共长。

（一）百万劳工下深圳

经济特区实行对外开放，首先是对国内开放，允许生产要素的自由流动。在众多的生产要素里，劳动力又是首要的。20 世纪 50 年代中后期，新中国建立了严格的户籍制度，限制人口的自由流动。因此在较长的历史时期里，我们看到更多的是城市人口向农村的转移，但农村人口难以向城市转移。这样一种制度安排，有其特殊的历史原因和存在的合理性。改革开放开始后，国家有限度地逐步放开农村人口的流动，使经济特区吸引劳动力的流入成为可能。

1989 年，百万劳工下深圳，形成了特殊的移民潮，
深圳成为最早聚集打工者的城市之一。

2009 年 12 月 16 日，美国《时代》周刊揭晓年度人物，"中国工人"登上亚军位置，成为榜单上唯一的一个群体。《时代》写道："中国今年能成功保八，归功于数以千万计背井离乡的中国工人。正是这些男男女女，他们过去的奋斗、现在的思考以及对未来的看法，引领着世界经济走向复苏之路。"① 时间倒回到 1989 年，在这一年，形成了一股声势浩大的"打工潮"，一年之内，有百万劳工下深圳。作为深圳速度的缔造者，他们也是最早的一批"深漂"。曾经有一部风靡一时的电视剧《外来妹》，就描述了 20 世纪 80 年代末 90 年代初，一群意气风发的农村青年南下寻梦的故事。这股特殊的移民潮一直延续至今，深圳成为最早聚集打工者的城市之一，也是劳务工分布最为密集的地区之一。2008 年，深圳专门成立了深圳劳务工博

---

① 《"中国工人"影响世界：数百万劳务工寻梦特区》，载《南方日报》，2010 年 9 月 9 日。

物馆。这是中国第一座由官方建立的"劳务工博物馆",也是首个以劳务工为题材的专题性博物馆。几条曾经使用过的电器装配生产线、几十张从全国各地到深圳和宝安的火车票和长途汽车票,一组曾参与深圳地标建筑——地王大厦建设的工具……几千件与劳务工有关的史料静静地摆放在那里。

操着不同语言、拥有不同文化背景和生活习俗的男男女女大量涌入特区,为经济特区填补了劳动力空缺。但问题在于大规模的人口移动势必会带来不同文化的碰撞或冲突。他们能否顺利地融入经济特区的社会生活中是对经济特区包容性的巨大考验。从经济特区的发展历史看,包容开放的人口政策和文化环境很好地解决了外来人口的社会融入问题。深圳是中国的第一个经济特区,也是中国最著名的移民城市,外来人口比重占69.2%。深圳不仅创造了举世瞩目的"深圳速度",也以海纳百川的胸怀吸引着全国乃至全世界的人们。

(二)来了,就是深圳人

著名学者易中天在《没有方言的城市》一文中写道:"全国各城市都有自己的方言,唯独深圳是个例外。深圳不但现在没有方言,而且将来也不会有方言,因为深圳不属于某个地域,而属于全中国。"[1] 在深圳,无论你是四川人、湖南人,还是河南人、东北人,只要会说普通话,哪怕口音南腔北调,都能在这里畅行无阻,丝毫不妨碍信息与心灵上的沟通。深圳汇集着五湖四海的人,他们怀揣着梦想在深圳打拼、奋斗,并最终成为这个城市的一分子。如今,在车站、码头、街道总能看到,甚至感受到这样一句话——"来了,

---

① 《第四城,谁的城?》,载《深圳晚报》,2014 年 8 月 26 日。

就是深圳人"。这并非一句空口号，它在温暖着人心的同时，也彰显着这座城市和谐包容、开放多元的气度。年轻人对深圳几乎众口一词的评价是：它是一个包容的城市。他们认为，在深圳不需要依凭关系、出身等前置性条件，而只要依靠自己的努力奋斗，就可以实现自己的人生愿望、目标，乃至梦想。

深圳是一个年轻的移民城市，它"出生"于创办特区的 1980 年，几乎所有生活、工作在深圳的人，都是

"来了，就是深圳人"成为深圳这座城市的精神符号。

为了自己的梦想来到这里，其中有创业梦想的青年才俊占有不小的比重。他们志同道合，就必然产生聚集效应。就像产业聚集产生溢出效应，人才聚集的学习效应将产生更大的溢出。他们或在学习中取长补短，共同发展；或在合作中成为一个团队，殊不知，团队创业是今天的创业不同于早年的一个特征。人才的聚集为团队创业创造了不可多得的条件。一群有归属感的年轻人扎堆在一起创业，伴有创新意识的创业，试想，这个地方还有什么理由不迅速成长？

1991 年，《深圳特区报》以"蛇口，新兴的国际小社区"为题，详细报道了蛇口经过 12 年的改革开放，初步建成一个富有国际色彩的海滨小城镇。当时的蛇口已经拥有了 12 个国家的 300 多名"老

成立于 1987 年的华为投资控股有限公司 2017 年营
业收入突破 6000 亿元，荣登 2018 年民营企业 500 强榜
首，同时位居民营企业制造业 500 强首位。

外"及其家属，他们把蛇口的小区和别墅作为自己在中国的家。如
今，6000 多名外籍人士长住于此，而整个深圳则有数十万的外籍人
士在此工作、居住。可见，当年的小渔村俨然已经变成了一个国际
化的都市。在过去的 40 年中，在优惠政策的惠及和包容的城市氛围
下，年轻的深圳涌现出了不少知名的企业，如进入世界 100 强的华
为，互联网行业的巨头——腾讯，地产业的佼佼者——万科，通讯
业的龙头老大——中兴，汽车业的后起之秀——比亚迪等，而马化
腾、王石、王传福等知名深圳企业家更是家喻户晓。这些成功人士
不仅为深圳特区的经济建设贡献卓著，而且逐渐成为年轻一代深圳
人成长的榜样和偶像。在他们的光环照耀和人格魅力的影响下，将
会有更多的优秀人才在深圳这块热土上涌现，而他们也将托起鹏城
明天的太阳。

（三）开放包容是特区的胸怀

为什么百万劳工要南下？因为这里有中国最早进行对外开放的

地区。在经济特区长期的发展过程中，始终引领开放风气之先，开放已经成为特区精神的重要内容。经济特区的开放是全方位的：对外从来料加工起步，逐渐转向以中外合资、合作方式为主，使外向型经济得到迅速发展；对内"依靠全国，服务全国"，积极开展与内地的经济联合，使二者优势互补。经济特区由于其政策的特殊性，尤其对于毗邻港澳台的经济特区来说，特殊政策再加上特殊的地缘优势，外资往往首先在这些地方产生。由此，"三来一补"的模式产生了大量的劳动力缺口，百万劳工下深圳就是在这样一种背景下产生的移民潮。随着越来越多的外资企业在经济特区落户，以深圳为代表的特区成为无数中国人追求梦想，实现价值的圣地，而这片创业热土也催生了"中国制造"崛起的传奇。

一个开放的城市往往具有一定的包容性。当初南下的打工者有相当一部分已经融入了经济特区，成为经济特区建设和发展的重要力量，这一方面得益于经济特区的包容性，另一方面也推动了经济特区移民文化的形成，使得经济特区更加能够容纳不同的文化和个性。作为一种文化心态、精神气质和价值追求，开放与包容之间有着紧密的联系，两者相辅相成、共同推进。作为改革开放的前沿城市，深圳从诞生之初就具备了开放的特质，而开放必须要包容，多元则是包容的前提。如果说过去深圳的开放和包容是在改革开放之初，因为国门打开新鲜事物进入等外部因素推动，而在40年的改革开放过程中，深圳自身也在有意地培育开放和包容的特质，如今深圳的开放包容特质应该说是内外兼修的结果。

三、博采众长的思维

博采众长是一种思维，一种态度，一种虚心学习的态度。这种态度既不同于"师夷长技以制夷"的狷介，也不同于"全盘西化"的媚骨。博采众长，首先是"博"，不仅仅学习西方发达国家，只要有"长"都要学习。其次，是"长"，在"长"的判断上要客观，不能妄自菲薄，丧失原则和立场。

（一）后发国家的战略蹊径

简单地说，后发国家指发展起步比先发国家迟的国家。对中国来说，在经历了100多年的半殖民地半封建社会后，终于取得民族独立，实现了政治崛起。但新中国成立后，长时期的政治运动再次耽误了迎头赶上的时间，"赶英超美"带来的政治意义要远远大于经济结果。1978年的中国跟西方发达国家相比，在经济上可以说是全面落后。作为一个后发国家，要想最大限度地赶上世界前进的步伐，按部就班肯定不行，必须跨越式地发展。而要跨越，则必须博采众长，分享全球化的红利。正是由于坚持对外开放的基本国策，我国才取得了举世瞩目的发展成就。目前我国经济总量稳居世界第二，外贸出口、外汇储备世界第一，开放成为中国少走弯路、快速发展的秘诀和法宝。

邓小平同志指出："任何一个民族、一个国家，都需要学习别的民族、别的国家的长处，学习人家的先进科学技术。我们不仅因为今天科学技术落后，需要努力向外国学习，即使我们的科学技术赶上了世界先进水平，也还要学习人家的长处。"① 强调要把世界一切先进技术、先进成果作为我们发展的起点。1983年，他指出："我们要向资本主义发达国家学习先进的科学、技术、经营管理方法以及其他一切对我们有益的知识和文化，闭关自守、故步自封是愚蠢

---

① 《邓小平文选》第2卷，人民出版社1994年版，第91页。

的。"① 1992 年，他再次指出："社会主义要赢得与资本主义相比较的优势，就必须大胆吸收和借鉴人类社会创造的一切文明成果，吸收和借鉴当今世界各国包括资本主义发达国家的一切反映现代社会化生产规律的先进经营方式、管理方法。"② 可以说，邓小平深刻地洞悉到一个后发国家实现赶超的必经之路，也深刻地认识到对外开放是长久之计，而不是为了实现赶超的权宜之计。

（二）改革开放的"窗口"

开放让经济特区带领中国融入了世界，也为经济特区提供了汲取人类发展优秀成果的动力。中国自明朝郑和下西洋以后，经历了数百年的闭关自守，再不开放，中国就将脱离世界的发展。经济特区抓住了历史机遇，成为中国对外引进技术的窗口、管理的窗口、知识的窗口，也成为中国对外政策的窗口。习近平总书记在纪念马克思诞辰 200 周年大会上的讲话中指出："我们坚持在改革中守正出新、不断超越自己，在开放中博采众长、不断完善自己，不断深化对共产党执政规律、社会主义建设规律、人类社会发展规律的认识，不断开辟当代中国马克思主义、21 世纪马克思主义新境界！"开放就是要博采众长、不断完善自己。扬长避短是正，取长补短是奇，博采众长首先要采可以补己之短的"别人之长"。

邓小平在改革开放之初就曾告诫全党：关起门来搞建设是不能成功的。以开放促改革、促发展是我国改革发展的成功经验。经济特区是一个国家或地区在对外经济活动中，为实行更加开放的政策而划出的一定范围的经济区域。这些区域通常用减免关税等优惠办法吸引外资，以达到经济快速发展的目的。世界上许多国家都办了

---

① 《邓小平文选》第 3 卷，人民出版社 1993 年版，第 44 页。
② 《邓小平文选》第 3 卷，人民出版社 1993 年版，第 373 页。

2018 年是马克思诞辰 200 周年。5 月 4 日，中共
中央在人民大会堂举行纪念马克思诞辰 200 周年大会。

不同形式的经济性特区，称为"自由贸易港""自由贸易区"或
"促进投资区"。我国的经济特区是在中国共产党领导下实行"特殊
政策、灵活措施"的行政区域。开办经济特区的目的主要是扩大本
国的对外贸易，引进更多国外资金、技术和管理经验，增加就业机
会，加快特定地区经济发展与经济开发的速度，形成新的产业结构
和社会经济结构，对全国各地经济发展形成示范效应。采取审慎的
试点方式，是考虑到如果成功，可以向全国推广；如果失败，立即
停止运行，减少不必要的损失。实践证明，经济特区的创办取得了
巨大成功，并为进一步扩大开放积累了宝贵的经验。

四、合作共赢的理念

所谓"合作共赢"就是指交易双方或共事双方或多方在完成一
项交易活动或共担一项任务的过程中互惠互利、相得益彰，能够实
现双方或多方的共同收益。经济特区的对外行为一开始就不是单向
的，即使是最初的"走进来"也不是单向的，而是一种合作共赢，
我们减少了追赶的时间，少走了弯路，而走进来的国家也利用中国

廉价的资源得到了巨大的发展红利。习近平总书记指出，要跟上时代前进步伐，就不能身体已进入 21 世纪，而脑袋还停留在过去，停留在殖民扩张的旧时代里，停留在冷战思维、零和博弈的老框框内。面对世界多极化、经济全球化深入发展和文化多样化、社会信息化持续推进，今天的人类比以往任何时候都更有条件朝和平与发展的目标迈进，而合作共赢就是实现这一目标的现实途径。

（一）特区立法先行

对创办初期的经济特区来说，能否最大程度地吸引外商，一看政策的稳定性，二看良好的营商环境。当然，这两者也不是截然分开的。特区立法为创造一个有序的发展环境提供基本保障，这是合作共赢的法治环境。

据吴南生回忆，当时海外的朋友说中国是没有法的。无法可依，无规可循，要人家来投资，谁敢来？经济特区要同国际市场打交道，就不能开国际玩笑！吴南生跟谷牧同志讲："经济特区要做的第一件事就是要搞特区法、特区条例。这个法一定要拿到全国人大去通过。"谷牧很赞成，于是吴南生找了叶剑英元帅，他当时是全国人民代表大会常务委员会委员长。吴南生说：特区是中国的，只是设在广东，所以广东的特区条例是中国的条例。叶帅就回了三个字："明白了。"

1980 年 4 月 22 日，广东省人大常委会第三次会议通过了特区条例，并决定报全国人大审批。叶帅得知后，立即在五天后，即 4 月 27 日动身到深圳视察。他身体不太好，双腿移动已有些困难，从广州到深圳交通又不方便，但他还是坚持到了深圳。当时深圳住宿条件很差，蚊子又多，他住在一个小房子里，连床垫也是临时从当地一家床垫厂找来的。但次年，即 1981 年 3 月 21—22 日，他又专程视察了珠海。他是党和国家领导人中第一个到特区视察的。

1980 年 8 月 26 日，叶帅亲自主持全国人大常委会议，通过了《广东省经济特区条例》。至此，中国经济特区正式诞生，并有了法律保障。当时，江泽民同志（时任国家进出口管理委员会、国家外国投资管理委员会副主任兼秘书长）代表国务院在会上作了有关建立特区和制订《特区条例》的说明。江泽民同志在这次人大常委会议上所作的说明即是已出版的《江泽民文选》中的第一篇。在特区条例公布后的几天，最困扰着深圳的偷渡外逃现象突然消失了，那成千上万藏在梧桐山的大石后、树林里准备外逃的人群完全消失了。这使特区人感到非常意外和高兴。老百姓觉得生活有希望了，未来有希望了。

(二) "三来一补" 创辉煌

"三来一补"是我国在改革开放初期创立的一种企业贸易形式，最早出现于 1978 年。这样的企业其主要结构是：由外商提供设备（包括由外商投资建厂房）、原材料、来样，并负责全部产品的外销，由中国企业提供土地、厂房、劳力。中外双方对各自不作价以提供条件组成一个新的"三来一补"企业；中外双方不以"三来一补"企业名义核算，各自记账，以工缴费结算，对"三来一补"企业各负连带责任。"三来一补"企业会有一些优惠政策，如进口设备、原材料免税，其结算税收方式也跟民营企业不同，不按营业额结算税收，而是按照工缴费结算。工缴费名义上是给工人发的工资，政府就按照规定的，工厂有多少工人，一个工人多少钱，根据这个总数从国外把货币汇进来，作为支付工人工资和水电费及其他常驻费用，政府从这笔费用当中扣取手续费，税收也是根据这个来结算。

"三来一补"最大的特点是外商"包进包销"，外商既把原材料带进来,又把生产的产品销出去,这对经济特区来说可谓一举两得,使"两头在外"企业迅速发展。经济特区创办初期,工业基础薄弱,国际市场信息不畅,外销渠道不多,通过"三来一补"这块跳板,逐步了解了国际市场的需求,并和众多的外商建立起业务往来和贸易联系。1978年,深圳第一家"三来一补"企业上屋怡高电业厂落地,这里也成就了当地村民的致富神话。1978年,香港电业有限公司来石岩建厂时,由上屋村提供场地,每个月交几千元给村里作为管理费,选址还是村委会办公的二楼,直到一年后才自己建了两栋楼的厂房。其实这些外资企业在深圳设厂只有一个原因,就是这里工人的工资低,当时公司在香港每天要支付工人100多元港币,在深圳这里的工人工作一天拿到9元人民币就已经非常高兴了。在当时上屋村村民人均年收入110元左右,全部为农业收入,村民进厂工作后,一个月就可以赚到80多元,收入提高非常明显,那时候村民还是头一回体验多劳多得这样的分配方式。之后,各种"三来一补"企业在深圳遍地开花,开创了深圳工业化的格局。1991年末,深圳经济特区的"三来一补"企业达7800家,雇佣60万工人,在经济特区的形成过程中起了极为重要的作用,成为经济特区发展外向型经济的支柱。实践表明,"三来一补"的模式,形式灵活,进退自如,是投资少、见效快、风险小、效益大的一种利用外资搞建设的好形式。

从现在来看,"三来一补"享受进口设备免征税、原材料也免征税,即便企业赚的是外汇,但现在对国家没有什么贡献,对国内企业来说也是很不公平的,国内企业从国外进口肯定是要扣税的,这种模式对国内企业的冲击也是很大的。而且在没转型之前,"三来一补"企业是没有内销权的。如果自己生产的产品想要销售到内地,

深圳第一家且有全国第一家"三来一补"企业之称

的上屋电业（深圳）有限公司（原香港怡高实业公司，

又被称为"线圈厂"）的原址。

就要将产品先运到香港，再进口回来内地销售，无形中增加了流通成本。不仅如此，随着中国经济的转型升级，"三来一补"日渐成为落后生产方式的"代言"。2008年，广东省要求不具备法人资格的"三来一补"企业在2012年底前完成转型，数年间，该类企业经历转型升级、关门淘汰。时至今日，在"三来一补"企业聚集的宝安和龙岗两区，"三来一补"企业的数量均不足100家，"三来一补"企业将慢慢谢幕。但是在改革开放初期，"三来一补"的经营模式之所以非常流行，主要是实现了双方的各取所需，经济特区通过丰富的劳动力资源弥补了当时中国缺资金缺技术的瓶颈，这应该是经济特区发展外向型经济合作共赢理念最本初的表现。

（三）合作共赢是特区开放的基本逻辑

以1978年党的十一届三中全会为起点，中国改革开放走过了40年波澜壮阔的不平凡历程，这是一部国家和民族发展的壮丽史诗。改革开放40年来，通过不断探索和推进，我国逐步开辟了一条适合中国国情的发展道路——中国特色社会主义道路，实现了从高度集中的计划经济体制向充满活力的社会主义市场经济体制的根本性转变，实现了从封闭半封闭向全面开放的转变，实现了人民生活从温饱不足到小康富裕的伟大飞跃，综合国力极大提升。

回首来时的路，中国取得成功的密钥是什么？改革和开放就是开启崛起之门的那两把密钥。以开放促改革，是中国改革开放的基本逻辑。从这个角度来说，对外开放就有了更加特殊的意义。经济特区从决策开始，就被定位为对外开放的"窗口"。如果说中国的成功一半要归功于对外开放，而对外开放的成功至少一半要归功于经济特区。有人经常问，经济特区特在哪？40年的发展历程和翻天覆地的变化告诉我们，特区之特，特在一以贯之的开放姿态，以及兼容并包的胸怀。正是坚持不懈实行对外开放的政策，让经济特区近40年的发展活力源源不断，从一座座封闭落后的海岛或小城走向了世界前沿，成为中国对外开放的形象窗口。经济特区的对外开放为何如此成功？经济特区的对外开放之路给今天最大的启示是什么？毫无疑问是合作共赢的开放理念。可以说，合作共赢是经济特区对外开放的基本理念。特区初创时期，我国的对外开放还处于1.0时代，即"走进来"。利用特殊的区位优势、丰富的土地和劳动力资源，吸引外商投资，换来资金和技术。在这种最简单、最低层级的对外开放模式中蕴含了基本的合作共赢理念。邓小平说："利用外资是一个很大的政策，我认为应该坚持。至于用的办法，主要的方式是合营，某些方面采取补偿贸易的方式，包括外资设厂的方式，我们都采取。"① 那么，在利用外资中国得到了什么？邓小平谈到了他在新加坡的所见所闻。他说："外国人在新加坡设厂，新加坡得到

---

① 《邓小平文选》第2卷，人民出版社1994年版，第198－199页。

几个好处，一个是外资企业利润的百分之三十五要用来交税，这一部分国家得了；一个是劳务收入，工人得了；还有一个是带动了它的服务业，这都是收入。"① "我们要下这么个决心，权衡利弊、算清账，略微吃点亏也干，总归是在中国形成了生产能力，还会带动我们一些企业。"② 那么外国人为什么要来？"我们有稀有金属，有各种矿藏，有油水。如果没有偿付能力，他不会干的。"③ 邓小平对外资问题的有关论述，充分说明了对外开放合作共赢的基本理念。

开放合作是科技进步和生产力发展的必然逻辑。面对世界多极化、经济全球化、文化多样化、社会信息化的时代潮流，任何国家都不能关起门来搞建设。从历史发展看，人类已经成为你中有我、我中有你的命运共同体，利益高度融合，彼此相互依存。每个国家都有发展权利，同时都应该在更加广阔的层面上考虑自身利益，不能以损害其他国家利益为代价。在世界经济经历深刻调整变革之时，只有开放才能使不同国家相互受益、共同繁荣、持久发展，才是各国应当做出的明智选择。正如习近平总书记曾经指出的：世界经济的大海，你要还是不要，都在那儿，是回避不了的。想人为切断各国经济的资金流、技术流、产品流、产业流、人员流，让世界经济的大海退回到一个一个孤立的小湖泊、小河流，是不可能的，也是不符合历史潮流的。只有坚定不移发展开放型世界经济，在开放中分享机会和利益、实现互利共赢，才能引领世界经济走出困境，实现包容性增长和共同繁荣。

---

① 《邓小平文选》第 2 卷，人民出版社 1994 年版，第 199 页。
② 《邓小平文选》第 2 卷，人民出版社 1994 年版，第 199 页。
③ 《邓小平文选》第 2 卷，人民出版社 1994 年版，第 199 页。

五、引领开放新格局

对外开放是我国的基本国策。以开放促改革、促发展，是我国改革发展的成功实践。中国特色社会主义进入了新时代，在新时代提升对外开放水平，推动形成全面开放新格局，对于实现"两个一百年"奋斗目标、实现中华民族伟大复兴的中国梦、推动构建人类命运共同体具有重大意义。

（一）中国开放的大门只会越开越大

"假如东莞堵车，世界都会缺货"。今天，中国已经成为世界经济复杂链条中不可缺乏的一环，没有中国的世界不可想象。同样，今天的中国也不能孤立于世界。每一天，中国的普通老百姓关注着国际油价的涨涨落落，惦记着纽约股票市场的起起伏伏，消费着来自全球各地的名牌和特产。全球化的印记随处可以触摸。走开放式发展道路是"中国道路"的最重要标志，也创造了世界上实现跨越式发展的成功案例，中国从对世界打开大门中受益。

1979 年以前，外商投资在我国几乎是空白。1980 年，第一家外商投资企业在北京诞生。截至 2008 年，我国累计实际使用外商直接投资总额达到 8990.59 亿美元。外资的发展及在国民经济中比重的提升，伴随着不同思维观念和做法的碰撞，启动和推动了中国全方位的制度创新。"世界的中国"已成为世界产品的制造者和国际化理念的执行者。正如《当中国改变世界》一书所描述的：中国领导人将本国经济融入世界市场，使中国开始腾飞；特别是 2001 年加入世界贸易组织，全面打破了与外界的隔墙。不仅是利用国外的资金，更是引进国外的先进技术、经营理念、管理方法、高端人才和营销网络。中国在对外开放中不断提高自主创新能力，开始成为新的研发大国，并在资金和技术上具备了走出去的实力。

"世界的中国"也让全世界在中国的发展中获取"红利"。中国出口大量价廉物美的商品，事实上提高了各国消费者的购买力。据估计，每年中国商品为美国消费者至少节约数百亿美元的支出；中国更深入地参与国际分工，客观上促进了其他国家向更高技术含量、更多附加值的产业升级；发达国家通过在中国投资，分享中国经济高速发展的丰厚利益，每年汇出的利润就以百亿美元计；与此同时，中国的资金、技术走向世界，也为促进世界经济的稳定、繁荣发挥日趋重要的作用。触摸全球化的印记，感受"世界的中国"，我们体验自信，更体验自豪。

实践证明，过去40年中国经济发展是在开放条件下取得的，未来中国经济实现高质量发展也必须在更加开放的条件下进行。这是中国基于发展需要做出的战略抉择，同时也是在以实际行动推动经济全球化，造福世界各国人民。综合研判世界发展大势，经济全球化是不可逆转的时代潮流。正是基于这样的判断，中共十九大报告中强调，中国坚持对外开放的基本国策，坚持打开国门搞建设。习近平说，中国开放的大门不会关闭，只会越开越大！中国有理由继续扩大开放的大门，因为正是依靠打开国门搞建设，中国才成功实现从封闭半封闭到全方位开放的伟大转折。正是依靠不断递进的开放思维，凭借勤劳和智慧，中国人民生活才成功实现从短缺走向充裕、从贫困走向小康，现行联合国标准下的7亿多贫困人口成功脱贫，占同期全球减贫人口总数70%以上。正是依靠不断深化的开放格局，在短短的40年间，中国从一个一穷二白的落后国家发展成为世界第二大经济体、第一大工业国、第一大货物贸易国、第一大外汇储备国。中国有自信继续扩大开放的大门，因为经历了从闭关锁国到半殖民地半封建社会的痛苦，中国深刻领悟，开放带来进步，封闭必然落后。坚持走开放融通、互利共赢之路，中国智慧、中国方案或将越来越多成为可供各大经济体解决发展中问题与挑战的参考经验，中国也将秉持同舟共济、合作共赢的原则，让开放及早惠及中国和世界各国的企业和人民。中国有能力担当继续扩大开放的大门，从引进来到走出去，从加入世界贸易组织到共建"一带一路"，为应对亚洲金融危机和国际金融危机作出重大贡献，中国连续多年对世界经济增长贡献率超过30%，成为世界经济增长的主要稳定器和动力源。负责任大国已经成为中国外交形象最耀眼的标签。未来，中国要坚定不移走和平发展道路，积极参与推动全球治理体系变革，构建新型国际关系，推动构建人类命运共同体，开放将是"为人类作出更大的贡献"最牢固的基石。

（二）包容的程度决定开放的上限

从经济特区的决策始末和创办过程来看，经济特区最初的定位就是打造开放型经济。开放是相对于经济特区这一区域来说的。因此，这里的开放应该是统筹国内和国外两个市场。如今，向国内开放已是常态，但在经济特区创办初期，计划经济带来的条块分割、封闭性的问题依然非常严重，区域之间往往具有很强的独立性，缺乏横向之间的经济活动。经济特区要开放，首先要向国内开放。当然，相对来说，考虑到当时的思想解放程度，对国外开放是难度最大的。

如今，中国倡导更高水平的外向型经济，随之也对开放包容提出了更高要求。首先，推进社会融入。在深圳街头，有一句家喻户晓的口号"来了，就是深圳人"。这一口号使得深圳看起来更像是一个大家庭，简单质朴的话语散发着浓浓的草根味道，表达着居住在这个城市里的人们内心对归属感的深沉呼唤。一个开放的城市和国家需要这样一种包容的性格和气质。其次，营造最佳的营商环境。2018年4月10日，习近平在博鳌亚洲论坛2018年年会开幕式发表主旨演讲指出，中国开放的大门不会关闭，只会越开越大！并宣布在对外开放方面采取以下重大举措：第一，大幅度放宽市场准入。在服务业特别是金融业方面，放宽银行、证券、保险行业外资股比限制，加大开放力度，加快保险行业开放进程，放宽外资金融机构设立限制，扩大外资金融机构在华业务范围，拓宽中外金融市场合作领域。在制造业方面，尽快放宽汽车、船舶、飞机等少数限制性行业外资股比限制。第二，创造更有吸引力的投资环境。投资环境就像空气，空气清新才能吸引更多外资。过去，中国吸引外资主要靠优惠政策，现在更多要靠改善投资环境。我们将加强同国际经贸规则对接，增强透明度，强化产权保护，坚持依法办事，鼓励竞争、反对垄断。通过机构调整和监管，坚决破除制约使市场在资源配置中起决定性作用、更好发挥政府作用的体制机制弊端。修订外商投资负面清单工作，全面落实准入前国民待遇加负面清单管理制度。第三，加强知识产权保护。这是完善产权保护制度最重要的内容，也是提高中国经济竞争力最大的激励。对此，外资企业有要求，中国企业更有要求。中国将通过重新组建国家知识产权局，完善执法力量，加大执法力度，把违法成本显著提上去，把法律威慑作用充分发挥出来。鼓励中外企业开展正常技术交流合作，保护在华外资企业合法知识产权。同时，也希望外国政府加强对中国知识产权的保护。第四，主动扩大进口。内需是中国经济发展的基本动力，也是满足人民日益增长的美好生活需要的必然要求。中国不以追求贸易顺差为目标，真诚希望扩大进口，促进经常项目收支平衡。中国将相当幅度降低汽车进口关税，同时降低部分其他产品进口关税，努力增加人民群众需求比较集中的特色优势产品进口，加快加入世界贸易组织《政府采购协定》进程。中国也希望发达国家对正常合理的高技术产品贸易停止人为设限，放宽对华高技术产品出口管制。这是中国在对世界发展大势综合研判的基础上，做出的重大决策，彰显了中国对外开放和推动全球化的决心。

（三）兼收并蓄不是囫囵吞枣

习近平总书记说，文明因交流而多彩，文明因互鉴而丰富。任何一种文明，不管它产生于哪个国家、哪个民族的社会土壤之中，都是流动的、开放的。这是文明传播和发展的一条重要规律。在长期演化过程中，中华文明从与其他文明的交流中获得了丰富营养，也为人类文明进步作出了重要贡献。丝绸之路的开辟，遣隋遣唐使大批来华，法显、玄奘西行取经，郑和七下远洋等，都是中外文明交流互鉴的生动事例。儒学本是中国的学问，但也早已走向世界，成为人类文明的一部分。

"独学而无友，则孤陋而寡闻"。对人类社会创造的各种文明，无论是古代的中华文明、希腊文明、罗马文明、埃及文明、两河文明、印度文明等，还是现在的亚洲文明、非洲文明、欧洲文明、美洲文明、大洋洲文明等，我们都应该采取学习借鉴的态度，都应该积极吸纳其中的有益成分，使人类创造的一切文明中的优秀文化基因与当代文化相适应、与现代社会相协调，把跨越时空、超越国度、富有永恒魅力、具有当代价值的优秀文化精神弘扬起来。但是，进行文明相互学习借鉴，要坚持从本国本民族实际出发，坚持取长补短、择善而从，讲求兼收并蓄，但兼收并蓄不是囫囵吞枣、莫衷一是，而是要去粗取精、去伪存真。

第六章　特区精神的历史地位和时代价值

我们常说，让历史告诉未来。历史究竟凭借什么告诉未来？一凭经验，二凭精神。精神是创造、汲取、运用经验的先导和内在动力，精神奠定着经验的价值取向，精神还可以径直沉淀为经验。因此，一定程度上讲，历史是凭借过往的人和事所展示的精神底蕴，来告诉未来的。特区精神是特区创办以来孕育和锤炼出来的精神风貌和精神特征，是支撑特区不断发展壮大的动力源泉。经济特区要扛起新时代的历史责任，就必须适应国内外形势新变化，按照国家发展新要求，顺应人民新期待，大力弘扬特区精神，要有敢负责任、敢打硬仗的勇气，拿出当年办特区时"杀出一条血路"的气魄和胆略，迎难而上，敢于碰硬，有所担当，只要是看准的事情就一干到底，干出个样来。始终站在改革开放最前沿，在体制机制改革方面先行先试、大胆探索，为全国提供更多可复制可推广的经验。

一、特区精神的历史地位

特区精神是特区人在改革开放的伟大实践中形成的，与党在革命、建设和改革过程中形成的一系列精神共同构成了中国共产党人的精神谱系。它既是党的精神的传承，也具有鲜明的时代特色，是经济特区发展壮大的力量源泉，为改革开放提供了源源不断的精神动力，是中国特色社会主义文化的重要组成部分。

（一）经济特区取得成功的强大驱动

习近平同志在庆祝海南建省办经济特区 30 周年大会上的重要讲话，系统总结了创办经济特区的历史贡献和宝贵经验，提出了新时代经济特区新的战略定位和历史使命。从经济特区的发展轨迹来看，应该说经济特区取得了巨大成功。经济特区为全国改革开放和社会主义现代化建设作出的重大贡献，可以总结为以下几点：一是打开计划经济体制缺口。培育社会主义市场经济因素，推动建立并完善社会主义市场经济体制，促进形成势不可挡的改革开放潮流。二是培养大批外向型人才。经济特区成为培养各类外向型人才最好的学校，现在许多驰骋于国际市场的中国企业家都是从经济特区起步的。三是推动经济转型升级。经济特区是我国最早对外开放的地区，是对外经济交流最活跃的地区，通过对引进技术的消化、吸收、再创新，在形成具有自主知识产权技术的同时，也推动了对外贸易从加工贸易向一般贸易、产业从劳动密集型为主向资本和知识技术密集型为主的转型升级。四是带动全国经济腾飞。在经济特区的示范效应和带动作用下，我国经济焕发出巨大活力，社会主义基本制度与市场经济成功结合，我国快速发展成为世界第二大经济体，创造了中国经济奇迹。

兴办经济特区所取得的发展经验，可以概括为以下五个方面：第一，必须坚持党的领导，坚持走中国特色社会主义道路。党的领导是党和人民事业成功的根本保证，中国特色社会主义道路是实现社会主义现代化、创造人民美好生活的必由之路。只有坚持党的领导，确保党把方向、谋大局、定政策，确保党始终总揽全局、协调各方，才能保证经济特区建设始终沿着中国特色社会主义道路阔步前行。第二，必须坚持社会主义市场经济改革方向。经济特区在建立健全社会主义市场经济体制方面先行先试，正确处理政府和市场关系，积极稳妥推进市场化改革向广度和深度拓展，大幅度减少政府对资源的直接配置，推动资源配置依据市场规则、市场价格、市场竞争实现效益最大化和效率最优化。第三，必须为自主创新营造良好环境。市场竞争归根到底是技术和人才的竞争。掌握了关键核心技术才能避免受制于人，而关键核心技术是买不来的，只能靠自主创新。经济特区的成功，得益于为自主创新营造了良好环境，激励自主创新行为，积极利用全球创新资源，从而使创新真正成为引领发展的第一动力。第四，必须积极融入全球产业链、价值链。中国经济只有融入全球产业链、价值链，才能在全球产业分工中扬长补短，培育新的竞争优势，获得更大发展。通过兴办经济特区扩大开放，为中国经济融入全球产业链、价值链创造了有利条件。第五，必须坚持以人民为中心。把人的积极性、主动性、创造性最大限度地激发出来，依靠人民推动改革，让改革发展成果更多、更公平地惠及人民。

经济特区何以成功？毋庸置疑，经济特区举世瞩目的巨大成就源于"特区精神"的强大驱动。40年来，凭着"杀出一条血路"的气魄与胆识，靠着党中央的果断决策和坚强领导，冲出"姓资""姓社"争论漩涡，打破"计划""市场"人为藩篱，硬是"闯"出了中国特色社会主义"经济特区"的新天地，演绎了"贫穷不是社会主义"的好故事。毫不夸张地说，中国"经济特区"为当今世界经济发展创造了新的成功模式、开辟了新的广阔道路。曾几何时，深圳喊出的"时间就是金钱，效率就是生命"的口号激发了人们对时间和效率的无比珍惜；珠海推出的"百万重奖科技人员"唤醒了全民对知识和人才的无上尊崇；汕头以港商捐助汕头大学为契机充当"中国高校改革试验田"；厦门以设立"台商投资区"为突破开启两岸交流新篇章；海南以实行"全球游客落地签证制度"为抓手打开国际旅游新视野。

今天当我们欣喜地看到，深圳经济特区早已由"窗口""试验田"变为体制机制高度灵活和经济社会全面发展的现代化国际大都市，珠海、汕头、厦门、海南等其他经济特区依托各自优势为中国特色社会主义经济特区展现出特殊风采；经济特区成功实践引领下的全国各地各类经济开发区（新区）、自由贸易试验区如雨后春笋般涌现并呈现出良好发展态势；中国经济在世界经济普遍低迷的形势下呈现出喜人局面时，我们不禁慨叹：当年如果没有邓小平同志从"陕甘宁边区"的启示中激发出创设"经济特区"的灵感，如果没有从"延安精神"中激扬出的"特区精神"，我们的改革开放和现代化建设又会是怎样的一个局面？我们不由得庆幸：特区精神为延安精神续写了传奇，再立了新功。经济特区的创新实践为中国改革开放和社会主义现代化建设作出了重要贡献，打开了中华民族复兴的时代大门。但当人们在回味特区发展的林林总总时，感觉最有味道的往往不是经济特区辉煌的外表，而是那种历经时代冲刷积淀下来的特区精神。

（二）改革开放成功的力量源泉

关于"经济特区"的一切新闻、一切启示、一切争论、一切起伏，渗透了 1979 年以来的中国历史，浓缩了中国改革开放的全部历程。实事求是地说，在整个 20 世纪 80 年代，"经济特区"的名字响

2015年4月21日，广东、福建、天津自贸区统一揭牌。第二批自贸区建设正式启动，标志着全国自贸区正式步入2.0时代。其中，根据国务院正式印发的《中国（广东）自由贸易试验区总体方案》，广东自贸区实施范围为116.2平方千米，涵盖广州南沙、深圳前海蛇口、珠海横琴三大片区。战略定位于"依托港澳、服务内地、面向世界"，将自贸试验区建设成为粤港澳深度合作示范区、21世纪海上丝绸之路重要枢纽和全国新一轮改革开放先行地。

彻云霄，即使到后来，它依然是中国改革开放的代名词。1977年，刚刚结束"十年浩劫"的中国百业待兴。当年11月，复出后的邓小平第一次视察的首站选择了广东。在深圳，邓小平的眼光紧紧盯住与香港只有一河之隔的深圳这个小渔村。那一年，当地农民一天的收入不过 1 元人民币，而香港农民一天的收入却为 60 多港元。如何尽快让中国的百姓富起来，中国如何尽快跟上世界发展的步伐，成了邓小平深入思考的一个重大难题。1978 年 12 月 18 日，党的十一届三中全会召开，开启了中国走向改革开放的新时代。1979 年 4 月，广东、福建省委向中央要求利用邻近港澳等有利条件，实行特殊政策，吸引外资、扩大出口。邓小平一锤定音，命名为"经济特区"，中国大变革的指针轰然鸣响。此后，经济特区"摸着石头过河"，大胆探索，勇往直前，创造了世界工业化、城市化、现代化发展史上的奇迹。并且，通过经济特区为突破口和强力引擎，我国实现了从封闭半封闭到全方位改革开放的历史跨越。

经济特区作为改革开放的试验田和先行地，究竟如何办，怎样办，对全国改革开放的道路如何走具有破局的重大作用。1985 年 3 月 28 日会见日本自由民主党副总裁二阶堂进时，邓小平在谈话中提出："现在我们正在做的改革这件事是够大胆的。但是，如果我们不这样做，前进就困难了。改革是中国的第二次革命。这是一件很重要的必须做的事，尽管是有风险的事。"① 把改革看作革命，足见改革的难度之大，当然也显示了改革的决心。尤其是在改革开放初期，经济特区发展一旦遇到风吹草动，其他地区的改革开放就会裹足不前；而经济特区发展顺利，其他地区搞改革开放的信心就会更足。特别是在要不要发展市场经济等事关改革开放方向的重大问题上，各种争议、各方眼光都聚焦到经济特区上。每当改革开放处于重大的历史关头，邓小平、江泽民、胡锦涛等中央领导同志总是亲临经济特区，指明改革开放和现代化建设的前进方向，描绘东方风来满

---

① 《邓小平文选》第 3 卷，人民出版社 1993 年版，第 113 页。

眼春的壮丽画卷。

1984 年，邓小平看到深圳由过去的渔民村变成"户户小洋楼"，欣然题词："深圳的发展和经验证明，我们建立经济特区的政策是正确的"；"珠海经济特区好"。在厦门，他又要求"把经济特区办得更快些更好些"。同年，中国进一步开放了天津、大连等 14 个沿海港口城市；接着开辟了"长三角""珠三角"，福建"厦漳泉"等沿海经济开放区，逐步形成全方位的开放格局。1992 年春天，邓小平再一次来到深圳经济特区等地视察。他强调指出："特区姓'社'不姓'资'""计划多一点还是市场多一点，不是社会主义与资本主义的本质区别""市场也可以为社会主义服务"。在经济特区，中国改革开放总设计师邓小平，对社会主义的本质、计划和市场的关系等重大问题进行了全面阐述。经济特区在我国实现从高度集中的计划经济体制到充满活力的社会主义市场经济体制的历史进程中，发挥了重要的历史作用。

（三）丰富了中国共产党的精神谱系

人是要有一点精神的，人无精神不立。党也是要有一点精神的，党无精神不强。在中国共产党 98 年的历史中，是什么使党能克服艰难波折奋斗不息？是什么使其在内忧外患的多重压力下突破险境绝处逢生，直至今日成为东方强国？答案是：红色精神。伟大的党培育伟大的精神，伟大的精神滋养伟大的党。在血雨腥风、战火纷飞的革命年代，中国共产党人和中国人民前赴后继、英勇向前，无数中国共产党人用生命和鲜血铸就了井冈山精神、长征精神、延安精神等；在意气风发、激情燃烧的建设年代，中国共产党人和中国人民自力更生、艰苦创业，党继承革命年代精神培育形成了大庆精神、"两弹一星"精神、雷锋精神；在波澜壮阔、生机勃勃的改革年代，中国共产党人和中国人民开拓创新、走向富强，党带领人民培育形成了伟大的改革开放精神，包括特区精神、"三创"精神、九八抗洪精神、抗击非典精神、抗震救灾精神、载人航天精神、北京奥运精神等。

对于改革开放来说，特区精神无疑是最独特的那份，也是最有历史积淀的那份。经济特区不仅收获了奇迹般的物质财富，更重要的是孕育了宝贵的精神财富，推动我国形成了解放思想、改革开放新的时代文化精神。改革开放40年来，"解放思想、改革开放"成为发展中国特色社会主义的一大法宝，而经济特区正是孕育这一时代文化精神的重要土壤。经济特区创造的发展奇迹充分证明，改革开放是实现国家强盛、人民幸福的必由之路。在"杀出一条血路"的过程中，经济特区不断在思想观念和精神层面上自我超越，敢于冲破"左"的思想束缚，不陷入空洞争论，不随意给新生事物贴上姓什么的标记，不畏惧各种误解和非难，以"三个有利于"为标准，大胆试，大胆闯，催生出"时间就是金钱、效率就是生命"等一系列新理念和敢闯敢试、敢为人先的创新精神，极大地鼓舞和激励了全国人民，并引领和推动了全国思想文化的进步与创新。可以说，以特区精神为内核和显著标志的改革开放精神，丰富了中国共产党的精神谱系。

特区精神对中国共产党精神谱系的丰富主要表现在两个方面。一是特区精神成为中国共产党精神谱系中的一个重要"坐标"。革命、建设和改革，是中国共产党伟大事业的"三部曲"。无论是在新民主主义革命，还是社会主义建设过程中，中国共产党都彰显了浓郁的精神气质，产生了众多的"精神坐标"，使中国共产党的精神长河滚滚向前。而特区精神是改革开放精神的内核，从中国共产党领导所从事事业的完整性来看，特区精神的形成让中国共产党精神谱系更加系统。二是特区精神是中国共产党精神的延续。特区精神对中国共产党精神谱系的丰富，不仅仅是"精神坐标"的简单加法，也就是说，特区精神在中国共产党的精神谱系中不是孤立的一个"点"，而是对中国共产党一系列精神的传承和弘扬，他们之间有着内在一致的精神血脉。如此，中国共产党在革命和建设过程中产生的伟大精神在改革开放时代才具有时代价值。

（四）中国特色社会主义的文化基因

实现现代化是近代以来中国发展的主题，而在这个过程中，直到找到中国特色社会主义理论和中国特色社会主义道路，中国才真正走上快速发展之路。在这当中，经济特区又率先冲破封闭僵化的发展模式，将中国的发展与世界的潮流紧密相连，不断深化改革、扩大开放、转变发展方式，为中国特色社会主义现代化道路前驱开路。

党的十一届三中全会所启动的改革，最初设想是在坚持已有社会主义模式的前提下，结合中国实际、中国国情，走出一条有中国特点的社会主义建设道路。也就是说，社会主义的基本框架不动、基本模式不变，但又要有中国特点。邓小平同志指出，我们搞改革开放绝不是要抛弃我们的理想，"仍然要坚持社会主义道路，坚持共产主义的远大理想，年轻一代尤其要懂得这一点。但问题是什么是社会主义，如何建设社会主义。我们的经验教训有许多条，最重要的一条，就是要搞清楚这个问题。"① 勇敢地、尖锐地提出这个问题，并且在改革开放的实践中科学地回答这个问题，才有了中国特

---

① 《邓小平文选》第3卷，人民出版社1993年版，第116页。

色社会主义道路的开创。

什么叫社会主义，什么叫马克思主义？邓小平说："我们过去对这个问题的认识不是完全清醒的。马克思主义最注重发展生产力。"① 社会主义阶段的最根本任务就是发展生产力，社会主义的优越性归根到底要体现在它的生产力比资本主义发展得更快一些、更高一些，并且在发展生产力的基础上不断改善人民的物质文化生活。"如果说我们建国以后有缺点，那就是对发展生产力有某种忽略。社会主义要消灭贫穷。贫穷不是社会主义，更不是共产主义。"② 正是在"什么是社会主义"的追问和价值追寻中，中国才得以扭转乾坤。而回答这一问题的则是经济特区的实践。本着为中国"杀出一条血路"的使命感和责任感，经济特区率先突破了计划经济的束缚，建立了以所有制、价格、市场要素、按劳分配等为核心的社会主义市场经济十大体系，这不仅大大解放了特区乃至中国的生产力，更为世界贡献了一条中国特色的社会主义道路。

可以说，中国特色社会主义道路的每一个发展阶段，经济特区都起着率先开辟、创出新的发展路径的重大作用。改革开放之初，经济特区利用劳动力和土地成本方面的比较优势，成功抓住国际产业转移的机遇，大力发展加工贸易企业，开始了跨越式工业化进程，创造了经济建设的"特区速度"。进入 20 世纪 90 年代，比较优势开始发生变化，经济特区主动调整增长方式，推动经济发展从依赖规模扩张转变为依靠效率提升，尤其是深圳及时调整产业结构，实施自主创新战略，淘汰高污染、高能耗企业，用腾出的空间发展高新技术产业和循环经济。进入 21 世纪，面对世界发生的广泛而深刻的

---

① 《邓小平文选》第 3 卷，人民出版社 1993 年版，第 63 页。
② 《邓小平文选》第 3 卷，人民出版社 1993 年版，第 63－64 页。

变化，经济特区牢牢以科学发展观为统领，加大力度转变发展方式，推动产业结构优化升级，为经济社会发展注入新的动力。

值得特别指出的是，经济特区在自主创新上的巨大成就，展现了中国发展模式的新形象，为探索科学发展新路发挥了示范作用。经济特区率先摒弃片面追求速度的增长方式，把增强自主创新能力作为调整产业结构、转变经济发展方式的中心环节，大力推动"中国制造"向"中国创造"转变。例如，深圳在2005年率先提出建立"自主创新型城市"，着力构建以企业为主体的自主创新体系，深圳的科技园区形成了中国规模最大、实力最强、结构最完善的区域创新体系；通过提高自主创新能力，有力提升了产业技术水平、优化了产业结构，形成了较强竞争力的现代产业体系，高新技术产业、金融业、物流业和文化产业等四大支柱产业占GDP的比重达到60%。如今的深圳特区已从加工基地转变为全国首个创建国家创新型城市试点地区、国家低碳试点城市和创意之都，向世界展现了中国走科学发展道路取得的新面貌。

40年来，经济特区以举世瞩目的"中国神话"，不仅走出了一条向中国特色社会主义的迈进之路，而且还奠定了坚实的思想政治基础和良好的社会氛围，使改革理论和经验上的准备较以往更为充分。经济特区率先将社会主义制度和市场经济有机结合起来，大胆地进行体制与机制的创新，在计划、投融资、流通、劳动工资、土地管理、财税、金融和政府自身改革等方面体制改革中走在前面，为全国推进改革提供了有益的经验和借鉴。例如，率先打破所有制，为多种所有制经济共同发展创造公平竞争的良好环境；率先打破计划体制坚冰，发挥市场在资源配置中的重要作用，最早探索建立多层次的资本市场以及外汇调剂、人才、产权、技术、信息等生产要素市场；率先打破"铁饭碗"，实行按劳分配为主、多种分配方式并存的分配制度。随着改革深入发展，特区又率先在行政管理体制改革和社会管理体制改革上步入"深水区"，深圳最早实行"大部制"改革，创造性开展"行政三分制"改革和公务员分类管理改革；珠海率先按照加强政府与社会合作共同治理的新理念，创新社会管理和公共服务体制。这些体制创新上的一个个突破，为全国体制改革探索了道路。

中国特色社会主义是在实践中探索、创造和在实践中检验、发展的，无论是道路、理论体系、制度，还是文化，都体现着鲜明的实践特色。实践证明，经济特区越有成就，改革开放越是成功，中国特色社会主义理论体系就越能显示强大生命力。

我国的经济特区发展与中国特色社会主义理论体系紧密相连：中国特色社会主义理论指导经济特区发展；经济特区发展为中国特色社会主义理论建设提供实践论证和理论创新的动力。40年来，经济特区树立了坚持"一个中心、两个基本点"党的基本路线的榜样；经济特区启迪了人们对社会主义本质的科学理解；经济特区探索了建立社会主义市场经济体制的宝贵经验；经济特区提供了深化改革全面开放的成功范例；经济特区展示了重视科技、发挥人才作用的生动实践。这些方方面面的实践探索，推动了中国特色社会主义理论体系的丰富和发展。1992年，邓小平在南方谈话中就曾提出：恐怕再有30年的时间，我们才会在各方面形成一整套更加成熟、更加定型的制度。经过不断地奋斗和探索，中国特色社会主义这个大题目，从实践中的不断探索，慢慢形成思想认识，又逐步升华为理论体系，形成发展道路，再从成功的经验上升为制度。而特区之所以能够推动中国特色社会主义道路的开辟，推动中国特色社会主义理论和制度的探索、形成，特区精神是渗透其中的文化基因。

（五）特区精神助经济特区走出世界模式

"经济特区"一词，1979年由中国首先提出，并在深圳加以实施。按其实质，经济特区也是世界自由港区的主要形式之一。主要特点是以减免关税等优惠措施为手段，通过创造良好的投资环境，鼓励外商投资，引进先进技术和科学管理方法，促进特区所在国经济技术发展。名曰"经济特区"，实际上，特区在政治、经济等方面都实行特殊政策。按照概念，经济特区是在国内划定一定范围，在对外经济活动中采取较国内其他地区更加开放和灵活的特殊政策的特定地区。在中国，是政府允许外国企业或个人以及华侨、港澳同胞进行投资活动并实行特殊政策的地区。现在各个省、各个市的开发区之类的实行特殊经济政策的区域，在某种意义上也是经济特区，只不过没有正式的国家级名义而已。

但是，经济特区的实践如今已经广为人知，并且在多国得到普及。20世纪90年代，非洲的毛里求斯、塞舌尔率先拷贝，到21世纪的第一个10年，印度、伊朗、巴基斯坦、哈萨克斯坦、约旦、菲律宾、俄罗斯、乌克兰、波兰、巴西、秘鲁等国群起效仿，朝鲜也大力开展了经济特区的试验。"经济特区"现象已经不再是生僻的中国特产，而是越洋跨海，成为为多国人民造福的经济模式。"经济特区"作为词条已经入选了维基百科。当然，经济特区是发展进程的阶段性安排，每个特区都有自己的问题和挑战。但是，后世的历史学家们可能会同意这样的结论："经济特区"是创世纪的历史事件，是中国振兴图强的一条血路，是中国贡献给发展中世界的有效发展模式。经济特区能够成为一些国家经济发展的有效模式，充分证明了经济特区的成功。回顾经济特区的历史，当年中央也只不过给了一些特殊的政策，而且是一些容易引发社会争议的政策，在这样一种环境下，经济特区硬是凭借一种精神力量的支撑，取得了今天这样一种成就。因此，经济特区成为一种发展模式，能够被成功地移植，不是简单的模仿几个政策而已，这种政策要得到落实和取得实效，没有精神力量作为后盾也是不行的。在英国《经济学家》周刊网站2015年4月3日刊发的题为《不那么特别》一文中指出，经济特区虽然风靡全球，却常常陷入失败。非洲就满是"累赘"。印度有几百个特区未能启动，其中仅马哈拉施特拉一个邦在过去短短几年时间里就有60多个。与这些经济特区的失败相比较，我国经济特区的成功不是几个政策的成功，而是特殊政策和精神力量相结合的结果。

二、特区精神的时代价值

英国史学家爱德华·卡尔在《历史是什么》一书中指出，历史是现在跟过去之间的永无止境的问答和交流。了解历史，才能更好地把握未来。追寻特区精神，就是追寻中国精神，追寻民族精神。只有追寻特区精神，才能总结40年来特区发展的内驱力和精神内核；只有追寻特区精神，才能辨析特区乃至中国时下面临的种种难题和体制沉疴的实质；只有追寻特区精神，才能铸就未来中国继续推进改革开放的精神动力和思想解放的旗帜和方向。特区精神首先是历史的，透过特区精神可以还原经济特区改革开放的历史，增强开拓前进的勇气、力量和智慧。特区精神也是现实的，这种现实性一方面体现在特区精神在今天的精神意义，另一方面则体现在特区精神的传承，以及时代赋予它的新的内涵。

（一）对外窗口与国家形象塑造

国际社会对国家形象的认识是个不断深化的过程。在全球化日趋深入的今天，对世界各国而言，塑造良好的国家形象已经成为重要的生存之道、对外交往的旗帜、走向世界的通行证、社会和经济发展的助推器。中华人民共和国成立后，尽管十分重视对外宣传，国家形象的传播基本被遮蔽在对外宣传和对敌斗争的叙事中。改革开放打开国门后，随着国际交往的逐步增多，中国不再简单地从斗争的角度思考对外传播，讲究实际的政治思维和做法成为宣传和传播的主流。在这种情况下，国家形象的观念萌发了。在那个摸索的初期时代，中国对自身和外界的认识都刚刚起步，对外交往也主要是一个引进外资的过程，中国是一个什么样的国家，中国人和西方人都才刚开始探索和思考。经济特区是我国最早对外开放的地区，是对外经济交流最活跃的地区，是外国最早观察和了解新中国的主要窗口。因此，经济特区是最能代表国家形象和改革开放形象的地区。在这里，通过经济上的贸易往来，外国人从认识经济特区开始逐步了解中国，了解中国的改革开放。而经济特区的辉煌成绩和精神风貌，的确对塑造国家形象具有重要意义。

中国在前行的道路上杂音不断。早在20世纪90年代初，一些美国政界和学界人士就提出了"中国崩溃论"。他们认为，既然苏联共产党执政70多年的国家都可以这样迅速地分崩离析，为什么中国不会步其后尘？一些人公开发表文章称，"中国处在疆土分裂、政治崩溃或民主革命的边缘"。但中国发展却出乎他们的意料，中国非但没有垮，而且在邓小平南方谈话后掀起了改革开放的新高潮，经济持续高速发展。后来，"唱衰中国论"一直时隐时现。近些年来，西方媒体不厌其烦地批判中国、丑化中国，在世界范围内大力鼓吹"中国威胁论""中国称霸论"。污化中国的政治制度，丑化中国人，确实在世界范围内迷惑了一些人，甚至包括部分中国人。2018年8

月 21 日至 22 日，在全国宣传思想工作会议上，习近平指出，国际舆论格局目前"西强我弱"，我国新闻媒体国际传播能力还不够强，声音总体偏小偏弱，西方主要媒体左右着世界舆论。中国在世界上的形象很大程度上仍是"他塑"而非"自塑"，我们在国际上有时还处于"有理说不出、说了传不开"的境地，存在着信息流进流出的"逆差"、中国真实形象和西方主观印象的"反差"、软实力和硬实力的"落差"。这段话，生动而又鲜明地表述了中国国际形象塑造的迫切性。但凡是阴谋，总有破产之日。西方长期打着"唱衰中国""中国崩溃论""中国威胁论"旗号，其目的是为了将中国孤立于世界，污化中国，其实质是为了掩饰西方道路在制度和经济发展上面的缺失，压制中国发展。西方的那些意识形态斗士巴不得中国出问题，他们的观察受到这种愿望的扭曲，看中国什么都像是"失序"的迹象。连个别人发表不负责任的文章，互联网上又出一个舆论事件这些在过去司空见惯的事情，他们也隆重点评，渲染它们的"不寻常"。尽管这种污化最后都落空，但不可避免地给国家形象带来些许影响。因此，从这个角度来看，当前和未来，国家形象的塑造任重而道远。

经济特区要继续发挥好改革开放的重要窗口和塑造国家形象的作用，必须坚持打开国门搞建设，坚持引进来和走出去并重，同各国扩大双向贸易和投资往来，共建开放型世界经济。要大幅度放宽市场准入，扩大服务业特别是金融业对外开放，创造更有吸引力的投资环境。要加强国际人文交流，促进民心相通、文化相融。但是，经济特区要更好地展示中国的形象，展示改革开放的形象，不仅要有高"颜值"，更重要的是要"气质"兼修。扩大市场准入，营造良好的营商环境，这种看得见、摸得着的东西，多属于经济特区的

"颜值"。经济特区真正吸引人的是看不见的"气质",即特区精神,这是特区之魂。一个精神褪色的经济特区,毫无疑问,也是没有生机活力的特区,更谈不上良好的营商环境。毛泽东说,"人总是要有一点精神的",无论时空转变,这句话永远不会过时。特区精神也是如此,尽管改革开放的环境较之改革开放初期有了巨大的变迁,今天的物质基础更为雄厚,中国特色社会主义的方向更为清晰,但是改革进入深水区后,攻坚克难的任务更加艰巨,更加需要精神的支撑。党的十八大以来,习近平多次深入到体现中国共产党人精神的地方、单位和行业进行调研、考察,发表许多重要讲话,并对中国共产党人的崇高精神做了高度的凝练,强调要在新的历史条件下推动伟大事业,必须大力提倡、弘扬中国共产党的精神。可见,精神风貌对于新时代的重要意义。形成于改革开放时期,也是最能代表改革开放精神的特区精神,意义更无需多言。

（二）推动中国改革开放的前进步伐

1980年,中央批准设置深圳等四个经济特区,在邓小平"杀出一条血路来"的号召下,经济特区在没有先例、没有借鉴经验、"左"的风气异常浓厚的困难情况下,开始了前无古人的先行先试、大胆探索。经济特区建设者以"拓荒牛"的解放思想精神、"杀出一条血路"的大胆探索精神闯出了一条发展的新路子,闯出了发展的新局面,实现了特区经济社会的健康、持续、快速发展,使经济特区成为全国改革开放的领跑者和旗帜,使特区精神成为全国改革开放的实践之源。

特区精神来自改革开放的伟大事业,又反过来推动着改革开放的伟大实践。作为追求更高质量、更高水平,更加注重系统性、整体性、协同性的改革,全面深化改革继续鼓励大胆试验、大胆突破、勇于探索。面对已进入深水区的全面深化改革，习近平指出："这就要求我们胆子要大、步子要稳。胆子要大，就是改革再难也要向前推进，敢于担当，敢于啃硬骨头，敢于涉险滩。"在全面深化改革的实践中采取"先行试点，摸着石头过河，尊重实践、尊重创造，鼓励大胆探索、勇于开拓，在实践中开创新路"的举措，正是从经济特区"拓荒牛"的解放思想精神、"杀出一条血路"的大胆探索精神中汲取的实践源泉。

建设和发展中国特色社会主义是一项伟大而复杂的系统工程，没有现成的经验可资借鉴，需要我们在实践中不断探索。邓小平同志曾反复强调：经济特区是一个试验。从世界的角度来讲，也是一个试验。经济特区自创办以来，始终抓住经济建设这个中心不动摇，敢于闯不合时宜的法规政策的"禁区"，敢于闯前人未曾涉足的"盲区"，敢于闯矛盾错综复杂、令人望而生畏的"难区"，闯出了一条改革发展的新路子。从经济特区的实践中可以得到一些深刻启示：第一，进行社会主义现代化建设，必须解放思想、大胆实践。解放思想是大胆实践的前提。大胆实践不仅要大胆突破那些不合时宜的法规政策，而且要创造性地贯彻落实党的路线方针政策和各项决策部署。第二，社会主义不仅可以与市场经济结合起来，而且可以结合得很好。社会主义市场经济体制是充满生机活力的经济体制，是能够激发劳动者积极性、主动性、创造性的经济体制。建设和发展中国特色社会主义，必须不断完善社会主义市场经济体制。第三，改革开放重在实践。成就是干出来的，而不是争论出来的。第四，既然是试验，就要允许犯错误。搞改革开放、办特区是试验，在这个过程中必然会出现这样那样的失误和差错，但无论是成功的经验还是失败的教训都是宝贵的财富。

当前，我国改革开放和社会主义现代化建设进入一个新的发展阶段，面临着新的形势和任务。经济特区必须始终高举中国特色社会主义伟大旗帜，坚持中国特色社会主义道路，坚持中国特色社会主义理论体系，继续解放思想，深化改革开放，推动科学发展，促进社会和谐，进一步发挥好对改革开放的引领示范作用，不断为建设和发展中国特色社会主义创造新的经验。

（三）承载着大国崛起和中华民族复兴的梦想

中国共产党自建立开始，一直为实现中华民族的伟大复兴接续奋斗，历经挫折而不曾间断，不曾气馁。即使遭遇了"文化大革命"的挫折，中国共产党人依然能够走出阴霾，重新整理思路，继续向中华民族复兴的方向奋进。经济特区为什么会产生？在那样一个艰辛的时代，它承载了一个大国崛起的梦想，承载着中华民族伟大复兴的梦想。事实证明，经济特区成为中华民族伟大复兴的最好支撑和最好例证。40年斗转星移，40年春华秋实，40年风雨兼程，40年沧桑巨变。经济特区还能不能继续承载起大国崛起和民族复兴的重任？中国还需不需要经济特区承载这一重任？无论从发展层面看，还是从精神层面看，在今天实现"两个一百年"奋斗目标的关键时期，经济特区仍可以大有作为。而有所作为的底气在哪里？在于经过长期历史积淀的特区精神。

习近平说，一个时代有一个时代的问题，一代人有一代人的使命。虽然我们已走过万水千山，但仍需要不断跋山涉水。在新一轮的改革开放中，经济特区将以习近平新时代中国特色社会主义思想为指引，弘扬敢闯敢试、敢为人先、埋头苦干的特区精神，以更精准、更配套、更革命的改革措施，更大范围、更深层次、更具活力的开放，努力争创中国特色社会主义实践范例。经济特区核心在

"特"上，新时代经济特区要办得更好，仍然要围绕"特"字做文章，让经济特区在新历史条件下继续"特"下去。新时代经济特区不能简单沿用过去特殊政策、特定区域、特别作法，不是搞"政策特区"或"税收洼地"，吸引外资过去主要靠优惠政策，现在要更多靠改善投资环境。一是从特殊到特色。现在是特色发展时代，特色形成优势，特色成就未来，特色是最大的竞争力。要突出特色引领，搞好特色招商、特色引才、特色聚财，放大特色效应。二是变抢跑为领跑。经济特区抢先优势弱化，政策优惠普适化，进一步发展要从先行向引领转变，要强化自身优势，不断提升经济特区带动和引领能力。三是从对外开放到内外联动。特区开始主要是对外开放，现在要内外联动，既引进来，也要走出去，扩大区域开放度，促进要素自由流动、资源高效配置和市场深度融合。四是从自我发展到群体效应。特区过去立足自我发展，往往形成"组织孤岛"，现在更加注重区域协同、产城融合，积极打造城市群、经济带，突出区域协调性、发展联动性。

路在每一个人的脚下，续写时代篇章，我们依然需要"敢闯敢试、敢为人先、埋头苦干"这一特区人们用实干和汗水树立的"特区精神"和"特区品牌"。事实上，每一个地区都需要这样的精神和品牌，每一个时代都需要有这样的音符和脉动，让"特区精神"引领时代脉动，成为社会发展、国家强盛的主旋律，也是必然之势。人无精神不立，国无精神不强，拥有改革开放的思想"利器"，很容易让每一个人精神振奋、容光焕发、勇往直前、无坚不摧。接下来，就是要脚踏实地、真抓实干，敢于担当，敢为人先，充分发扬"特区精神"，勇于直面矛盾，善于解决问题，用实干的双手托起明天的"太阳"。

（四）为思想政治教育提供优质资源

马克思曾经指出："如果从观念上来考察，那么一定的意识形态的解体足以使整个时代覆灭。"① 意识形态工作是党的一项极端重要的工作，是为国家立心、为民族立魂的工作。做好意识形态工作，事关党的前途命运，事关国家长治久安，事关民族凝聚力和向心力。2018 年 8 月，在全国宣传思想工作会议上，习近平总书记把意识形态工作作为新时代坚持和发展中国特色社会主义的一个重大命题，放在了宣传思想工作的重要位置，深刻论述了这项工作的重大意义、重点任务和方法路径，为我们在新形势下牢牢掌握意识形态工作领导权，明确了方向目标，提供了根本遵循。从革命年代靠"枪杆了"和"笔杆子"闹革命，到改革开放以来物质文明和精神文明"两手抓、两手都要硬"，再到新时代"不仅要在物质上强大起来，而且要在精神上强大起来"，中国共产党始终高度重视和善于做好意识形态工作。

思想政治教育是做好意识形态工作的重要路径。在中国共产党 98 年波澜壮阔的历史中，思想政治教育一直是思想建党的重要方法。当前，强大我们的精神是中国强起来的重要支撑，也是意识形态工作的重要内容。从社会各界对思想政治教育工作的反馈来看，缺乏针对性和实效性是最突出的问题，也就是说有些思想政治教育工作很难做到入脑入心。造成这种问题的原因，除了形式和方法老化外，缺乏优质的教育资源也是其中之一。特区精神作为中国共产党精神宝库的重要组成部分，应该成为当前和未来思想政治教育的重要资源。首先，特区精神产生于改革开放时代，蕴含了改革、创

① 《马克思恩格斯文集》第 8 卷，人民出版社 2009 年版，第 170 页。

新、开放等元素，与今天改革开放的时代主题是高度契合的。其次，特区精神的背后是一系列生动感人的故事，讲好特区故事，还原老一辈改革家的拓荒历史，可以有效避免思想政治教育灌输和说教的弊端，提升意识形态工作的针对性和实效性。

三、特区精神的传承路径

精神，尽管看不见摸不着，却神奇地涌动于我们的血液中，支撑着我们一路前行。梳理中国共产党的"精神"脉络，我们发现，虽时代不同、名称各异，这些精神却"精"脉相通、薪火相传。一种精神只有不断传承才有价值，也只有在传承中才能得到永生。传承特区精神，使之在新时代焕发出新的风采，创造出适应时代特点的精神形态，并应用到我们社会生活的方方面面，既是特区人的责任，也是社会共同的责任。

（一）不忘初心，牢记使命

党的十九大报告开宗明义指出，大会的主题是：不忘初心，牢记使命，高举中国特色社会主义伟大旗帜，决胜全面建成小康社会，夺取新时代中国特色社会主义伟大胜利，为实现中华民族伟大复兴的中国梦不懈奋斗。中国共产党人的初心和使命，就是为中国人民谋幸福，为中华民族谋复兴。这个初心和使命是激励中国共产党人不断前进的根本动力。正是在这一根本动力的推动下，中国共产党人在长期革命、建设、改革过程中以永不懈怠的精神状态和一往无前的奋斗姿态，取得了一系列彪炳史册的伟大胜利，开辟了中国特色社会主义道路，把贫穷落后的中国带入全面建设社会主义现代化强国的新征程。当前，中国特色社会主义进入了新时代，使命光荣，任务繁重。只有克服精神懈怠危险，以永不懈怠的精神状态和一往无前的奋斗姿态开创党和国家事业新局面，才能顺利实现"两个一百年"奋斗目标，实现中华民族伟大复兴的中国梦。

从历史看，伟大的事业需要伟大的精神支撑。实现中华民族伟大复兴，是中华民族近代以来最伟大的梦想。无数仁人志士前仆后继，进行了可歌可泣的斗争。但是，洋务运动没有成功，戊戌变法没有走通，辛亥革命半路夭折……直到1921年中国共产党诞生，中国人民谋求民族独立、人民解放和国家富强、人民幸福的斗争才有了主心骨，中国人民从精神上由被动转为主动，进而完成了新民主主义革命，建立了新中国，实现了中国从几千年封建专制政治向人民民主的伟大飞跃。为什么之前的种种努力都归于失败，而中国共产党能够带领人民取得成功？这是因为中国共产党人有着崇高而坚定的理想信念，始终牢记自己的初心和使命。正是这种理想信念激发了中国共产党人坚韧不拔的奋斗精神，通过百折不挠的奋斗，带领中国人民迎来了从站起来、富起来到强起来的伟大飞跃。

实践是人们能动地探索和改造世界的社会性活动，这里的"能动"在很大程度上表现为精神状态。在一定历史阶段，不同民族有不同的发展状态，往往是因为其精神状态和思想觉醒程度不同。在不同历史时期，同一民族取得的历史成就迥异，也往往是因为其在不同历史时期的精神状态存在差异。我们党以马克思主义理论为指导，以全心全意为人民服务为根本宗旨，坚持共产主义崇高理想，怀着为中国人民谋幸福、为中华民族谋复兴的初心和使命，坚持辩证唯物主义和历史唯物主义的世界观和方法论，不仅能够科学认识社会发展规律、正确把握社会发展方向，而且具有强大的精神力量，能够保持永不懈怠、奋发有为的精神状态。

实践证明，开创伟大事业需要伟大精神支撑。没有伟大精神支撑，井冈山的星星之火就无法燃起燎原之势；没有伟大精神支撑，红军长征便无法摆脱强敌围堵、克服艰难险阻，一步步走向胜利。因此，毛泽东同志说，人是要有一点精神的。正是因为有革命理想高于天的精神，无数革命先烈为民族独立、人民解放抛头颅、洒热血，为建立新中国奉献自己的生命；也正是因为有这种精神，我们才能建立社会主义制度、推进社会主义建设，冲破教条主义的束缚，毅然决然推进改革开放，开辟中国特色社会主义道路。

从现实看，推进新时代中国特色社会主义事业必须克服精神懈怠危险。当前，国内外形势正在发生深刻复杂的变化，我国正处于一个大有可为的历史机遇期。我们具备过去难以想象的良好发展条件，但也面临着许多前所未有的困难和挑战。历史反复证明，一个民族、一个政党、一个国家，有了永不懈怠的精神状态和一往无前的奋斗姿态，就可以抓住历史机遇乘势而上；如果精神懈怠、斗志减弱，就会错失机遇、陷入被动。必须清醒认识到，我们党面临的执政环境是复杂的，影响党的先进性、弱化党的纯洁性的因素也是复杂的，党内存在的思想不纯、组织不纯、作风不纯等突出问题尚未得到根本解决。面对世情、国情、党情的深刻变化，精神懈怠危险更加尖锐地摆在全党面前。要把新时代中国特色社会主义事业推向前进，必须大力克服精神懈怠危险。克服精神懈怠危险才能保持清醒的头脑和高昂的斗志，成功应对"四大考验""四种危险"，把新时代中国特色社会主义不断推向前进。"四大考验""四种危险"是推进新时代中国特色社会主义事业的"拦路虎"。习近平同志指出，新的历史条件下，国际国内形势发生了很大变化，我们党面临的执政环境和执政条件发生了很大变化，党面临的"四大考验""四种危险"是长期的、复杂的、严峻的。应该认识到，精神懈怠会麻痹思想、削弱主观能动性，导致主观世界跟不上客观世界的发展变化，进而引发能力不足，导致故步自封、脱离群众，甚至在安逸享乐中滑向消极腐败的深渊。因而，精神懈怠是导致信念不坚、本领不高、能力不足、脱离群众等问题的主要思想根源。只有克服精神懈怠危险，才能成功应对"四大考验""四种危险"，避免温水煮青蛙的悲剧；才能在不断学习中提高能力，在密切联系群众中提高党性修养，在人民的监督下保持清正廉洁的人民公仆本色。

　　一个党不能忘记自己的初心，否则会迷失前行的方向。经济特区也是如此，近些年来，围绕特区改革精神淡化等问题的讨论，实际上在一定程度上折射了特区初心意识的模糊。因此，习近平在庆祝海南建省办经济特区 30 周年大会上强调，经济特区要不忘初心、牢记使命，在决胜全面建成小康社会、夺取新时代中国特色社会主义伟大胜利的征程上，经济特区不仅要继续办下去，而且要办得更好、办出水平。初心和使命是两个不同的概念，初心是不变的，而使命则是具体的，不同时代有不同的历史使命。特区的初心是什么？1979 年，以创办经济特区为标志，中国的对外开放迈出了重要步伐。1984 年，邓小平同志指出："特区是个窗口，是技术的窗口，管理的窗口，知识的窗口，也是对外政策的窗口。"因此，创办经济特区的"初心"就是要发挥特区的"试验田"和"窗口"作用，以"杀出一条血路"的勇气，为走中国特色社会主义道路积累成功经验。实际上，初心也是一种理想、一种信念，更体现在为初心奋斗的精神中。因此，特区要做到不忘初心，必须弘扬和传承特区精神，以特区精神为引领，完成时代赋予特区的新使命。也就是说，特区要把自己的初心融合到新时代的历史使命中，以一如既往的精神状态，攻坚克难，实现党、国家和人民对于特区的期待。

（二）植根于中国特色社会主义新的实践

2017 年 7 月 26 日，习近平总书记在省部级主要领导干部专题研讨班上发表的重要讲话中指出，党的十八大以来，在新中国成立特别是改革开放以来我国发展取得巨大成就的基础上，党和国家事业发生历史性变革，我国发展站到了新的历史起点上，中国特色社会主义进入了新的发展阶段。进而在党的十九大报告中指出"中国特色社会主义进入了新时代"。进入新时代表明中国特色社会主义站到更高层级的历史方位上。站在这样一个更高的历史方位上，中国特色社会主义会以新的实践演绎新的故事。弘扬和传承特区精神，必须植根于中国特色社会主义新的实践中，才能赋予特区精神新的时代内涵。新的实践是什么？或者说，这种新实践围绕什么展开？党的十九大报告强调，中国特色社会主义不断取得的重大成就，意味着近代以来久经磨难的中华民族实现了从站起来、富起来到强起来的历史性飞跃。当前，我国正走在强起来的路上，这是中国特色社会主义新的实践，弘扬特区精神必须植根于此。如果说站起来主要是实现了政治独立，富起来主要实现了经济崛起，那么，强起来就是要实现全面崛起。在这样一种新的实践中，经济依然是核心力量，但仅有经济不足以支撑中国的强国之路。如此经济特区未来的发展之路不应局限于经济，在其他方面也要为全国的改革开放做出表率。弘扬特区精神，植根于中国特色社会主义新的实践，必须准确把握"站起来、富起来和强起来"的发展轨迹，赋予特区精神更加符合中国特色社会主义新实践的内涵。

当前，我国经济发展进入新时代，已由高速增长阶段转向高质量发展阶段。要围绕解决新时代我国社会主要矛盾，通过加大经济结构调整力度促进新动能持续快速成长，通过全面深化改革开放促进经济结构加快调整。我国经济发展不平衡、不充分，主要表现在城乡之间、区域之间、经济与社会之间发展不平衡以及发展质量效益还不高、创新能力不够强、实体经济水平有待提高、生态环境保护压力较大等方面。解决这些问题，必须通过实施乡村振兴战略，促进城乡融合发展；通过加快改革开放，增强发展活力和动力；通过完善公共服务体系和管理体制，推进基本公共服务均等化，提高公共服务供给质量，促进社会事业发展；通过加大环境保护力度、严格环境执法和问责，满足人民对优美生态环境的需要。经济特区应围绕解决新时代我国社会主要矛盾，继续发扬敢闯敢试、敢为人先、埋头苦干的特区精神，在技术创新和体制创新方面先行先试，率先打开解决新时代我国社会主要矛盾的突破口。尤其需要指出的是，经济特区基于历史重任，主要突出了特区的经济功能。但是，在经济特区经济腾飞的同时，社会治理问题也开始大量暴露出来，如人口大规模转移带来的社会融入问题、社会治安问题，等等。这些社会问题的存在无时不在考验着经济特区的社会治理能力，也制约着经济特区的进一步发展。因此，经济特区要走在制度创新的前沿，不应仅局限于经济制度的改革和创新，更要在短板上有突破，在社会治理体制上不断寻求创新，在建设法治、高效政府的同时，最大限度地释放社会空间，提高社会治理的参与性，打造共建、共治、共享的社会治理格局。

经济特区的发展变化是改革开放以来中国社会沧桑巨变的缩影，是中国特色社会主义强大生命力的生动体现。中国特色社会主义理论体系是伟大的、开放的真理体系。它一方面需要通过理论逻辑的研究得以不断完善，另一方面更需要实践提供的经验材料和客观依据得以不断丰富和发展。以经济特区为排头兵的改革开放和社会主义现代化建设是丰富发展中国特色社会主义理论体系的动力源泉。深圳等经济特区走过了近40年的历程，从奠基开创到增创新优势，再到实践科学发展观，一步步探索出中国特色的社会主义道路。回首经济特区发展的历程与实践，经济特区的最重要经验就是始终坚持解放思想更新观念，根本贡献就是改革创新，探索出一条中国特色社会主义道路。经济特区的实践与经验对于全国的改革开放和现代化建设具有典型的示范意义，它向全世界昭示了中国特色社会主义的勃勃生机和光明前景。

在庆祝海南建省办经济特区30周年大会上，习近平总书记着眼于国内国际大局、着眼于新时代、着眼于未来，充分肯定经济特区建设的历史功绩，深刻总结经济特区建设的宝贵经验，对经济特区改革发展提出新要求，"经济特区不仅要继续办下去，而且要办得更好、办出水平"。从"杀出一条血路"，到"走出一条科学发展新路"，这个提法的改变，是历史发展的必然，是质的飞跃。

（三）融入新的发展理念

理念是行动的先导，新理念引领新发展。党的十八届五中全会通过的《中共中央关于制定国民经济和社会发展第十三个五年规划的建议》，提出了创新、协调、绿色、开放、共享的新发展理念。创新是引领发展的第一动力，协调是持续健康发展的内在要求，绿色是永续发展的必要条件，开放是国家繁荣发展的必由之路，共享是中国特色社会主义的本质要求。新发展理念环环相扣，构成了一个具有鲜明价值导向、严密内在逻辑的有机整体。新发展理念是以习近平同志为核心的党中央治国理政新理念新思想新战略的一个重要体现，深化了对当代中国经济社会发展规律的认识，实现了发展观念的变革，拓展了中国共产党人的发展观。发展新理念是中国共产党在总结社会主义建设经验特别是改革开放 40 年发展经验的基础上提出来的，顺应了时代进步潮流，适应了我国发展需要，反映了人民利益愿望，指引着中国发展的道路，为中国共产党带领全国人民夺取全面建成小康社会决胜阶段的伟大胜利，提供了强大思想武器。以新发展理念为引领，必将深刻影响中国的国家形象、政党形象、国际形象的塑造，为探索人类美好的社会制度提供中国方案、为完善全球社会治理体系提供中国智慧。新发展理念既是一种发展方向，也是一种执政理念，表明了中国共产党对国内发展大局、世界发展大势的总体把握，体现了中国共产党的宗旨意识、担当意识，体现了中国共产党执政能力、执政方式的新发展。

特区精神是特区实践的提炼与升华，体现了鲜明的时代特点。但是，特区的实践是不断扩展和深化的，时代也在不断进步。它不是一成不变的，而是具体的、历史的、动态演进的。因此，特区精神也要做到与时俱进，融入新的时代元素和实践经验，才能更好地推动特区实践。理论的基础是实践，又反过来为实践服务；理论来自实践，又指导实践。发展永无止境，精神传承不歇。随着改革开放的深入，特区原有优惠政策已基本推广到全国。从经济特区到沿海经济开放区、国家级高新区、自由贸易区、自由贸易港，从深圳到雄安，从浦东到喀什，中国改革开放事业正是以办经济特区为起点，由点到面，由局部试验到全国推广。

现在的开放是全方位的开放，不再是过去的沿海、沿江和沿边地区，而是内外联动、陆海统筹的一种开放格局。抑或从对外开放的内涵看，现阶段的开放也有了更高级的表现。改革开放之初，因为资金短缺，中国实行"请进来"政策，把自己的国门打开，欢迎外国资本进入中国。在 20 世纪 90 年代，中国为了加入世界贸易组织而实行"接轨"政策,即改变自身的制度体系来符合国际规则。在现阶段,中国的对外开放主要是"走出去",过剩的资本、多余的产能、成熟的基础设施建设经验和技术等要素组合在一起,成为中国"走出去"的强大动力。当然,这样一种对外开放战略的变化,势必会招致国际社会不同的看法,甚至是战略围堵。这也是当前我国对外开放所面临的极为严峻的形势。作为中国最早开放的地区,经济特区在对外开放方面有着成熟的做法和经验,如何在此基础上,化解"走出去"的战略风险,相比较其他地区来说,经济特区会更有优势。另外,对于"走进来"来说,不同于以往的"走进来",当前和未来,中国需要的是高端要素的集聚,而不是过去"三来一补"模式的低端要素的聚合,经济特区也要起到模范作用。因此,特区人应在新的开放实践中,积极融入创新、协调、绿色、开放、共享等新发展理念,使特区精神彰显更多的时代元素。

从政策上看,经济特区已不再是昨日的经济特区。无论从全国改革开放的大局,还是从加入世界贸易组织的要求看,特区都不宜要求国家继续给予特殊优惠政策。在对经济特区未来定位的思考中,有专家提出了三种可供选择的路径:其一是向顺应全球化潮流,符合世界贸易组织全球多边经贸体制规则、与世界特殊经济区接轨的世界经济特区转型;其二是双层定位,部分转型,大部过渡,逐步实现与世界特殊经济区接轨;其三是整体保持现有模式,按照国家的要求,采取积极主动的态度,站在制度创新和扩大开放的前列,大力推进制度创新,积极创造条件。无论哪种路径,经济特区在新时代仍大有可为,尽管社会各界对特区有不同的看法,但还是对特区寄予厚望。经济特区虽然在政策上不再特殊,但如果能积极贯彻新发展理念、建设创新发展新高地、协调发展示范区、生态文明新特区、全面开放国际门户，成为践行新发展理念的典范，经济特区依然可以引领中国改革开放的潮流。由此，特区精神也要融入新发展理念的元素，体现发展的新趋势和新思路，才能更好地体现时代价值。

（四）为特区精神注入法治的力量

2012 年 12 月 7 日至 8 日，党的十八大刚刚闭幕不久，习近平总书记第一次到地方调研，首站就来到改革开放的窗口——深圳经济特区，发表了振奋人心、振聋发聩的重要讲话。在邓小平南方视察 20 周年之际，习近平此次深圳之行寓意深刻。一是肯定。1992 年，邓小平南下考察，寄望广东用 20 年的时间超过"亚洲四小龙"。广东不负厚望，在 15 年内实现了对新加坡和中国香港、台湾地区的超越，创造了举世瞩目的"广东奇迹"，成为党的重大理论与实践创新的沃土，为坚持和发展中国特色社会主义提供了实践样本，以先行一步的经验为全国提供了重要借鉴。二是宣示。2012 年，中国人均GDP 达到 6100 美元，成为中等收入国家里的中上等。中国如何成功跨越"中等收入陷阱"，继续把中国特色社会主义推向前进？当全世界都在瞩目一个大国的崛起时，习近平总书记来到我国改革开放得风气之先的地方，现场回顾改革开放的历史进程，明确宣示新一轮改革开放的开始和改革不停顿、开放不止步的决心，向全党全国发出了凝聚力量、攻坚克难的动员令。三是探路。我国改革已经进入攻坚期和深水区，必须敢于啃硬骨头、涉险滩，既勇于冲破思想观念的障碍，又勇于突破利益固化的藩篱，以更大的政治勇气和智慧，不失时机地深化重要领域的改革。在这样一个关键时刻，习近平总书记提出"三个定位、两个率先"，实际上是鼓励广东大胆探索、大胆实践，为推动各项工作打开新局面先行先试。在历史的关键时刻，广东再次担负起"排头兵"的重任。

2012 年 12 月 7 日，新任中共中央总书记习近平抵达深圳开启视察之旅。随后他还走完珠海、广州、顺德、南海等珠三角城市。习近平的广东之行向世界发出了中国改革不停顿、开放不止步的时代宣言。

党的十八大以来，习近平总书记关于全面深化改革发表了很多重要的论述。与过去 30 多年的改革相比，有一点变化是比较关键的，即改革方法论的变化。习近平总书记强调，"凡属重大改革都要于法有据"。对这个论断作何理解？全国人大法工委作出了权威、细致的解读。强调法治，强调先立后破，是这个时期、这个新的历史条件下全面深化改革的一个显著特点。对凡属重大改革都要于法有据，可以从三个方面来认识和理解：第一，法治带有根本性、全局性、稳定性、长期性，搞法治靠得住。在整个改革过程中都要高度重视运用法治思维和法治方式，发挥法治在改革中的推动和引领作用，确保在法治的轨道上推进改革。第二，中国特色社会主义法律体系已经形成，我们国家和社会生活的各个方面，在总体上已经实现有法可依。现在我们现行有效的法律绝大部分都是在改革开放之后制定的，它们是改革的重要成果，我们要十分珍惜这些法治建设的成就。第三，要处理好改革决策和立法决策的关系，把深化改革同完善立法有机地结合起来。在改革过程中要处理好，要做好法律的立、改、废工作。

党的十八届四中全会明确指出，立法要引领改革。先立法、后改革，即便是先行先试，摸着石头过河，也要先有法。党中央有了政治决策之后，要先立法后推行，确保一切改革举措都在法治轨道上进行，不允许再有法治轨道之外的改革，更不允许再有"依法"

中国共产党第十八届中央委员会第四次全体会议
（简称十八届四中全会）于 2014 年 10 月 20 日至 23 日
在北京召开。会议通过《中共中央关于全面推进依法
治国若干重大问题的决定》。

行"权宜之计"的改革，更不允许再有利用公权力行"人治"的改革，真正引领改革走上"以律均清浊，以法定治乱"的绿色通道。这种立法模式的变化实际上是改革与法治关系的变化，更反映了改革方法论的变化，即从"摸着石头过河"到把"顶层设计"和"摸着石头过河"有效结合起来，首先强调顶层设计，突出改革的系统性、整体性和协调性。经济特区曾经是"摸着石头过河"的典范，"闯"和"试"是经济特区走向成功的基本经验。但是，在改革环境发生重大变化的形势下，经济特区的"闯"和"试"也要随之做出调整，是在充分利用特区立法权，建设法治特区的基础上，进行"闯"和"试"。也就意味着以敢闯敢试为精神基因的特区精神，也要不断注入法治元素，用法治为改革保驾护航，用法治为特区的对外开放营造更好的环境。

（五）传承精神最终要践行精神

经过长期努力特别是改革开放 40 年来的不懈奋斗，中国特色社会主义进入了新时代。党的十九大描绘了决胜全面建成小康社会、夺取新时代中国特色社会主义伟大胜利的宏伟蓝图，进一步指明了党和国家事业的前进方向。我们要胜利实现既定战略目标，就要坚定不移地走中国特色社会主义道路，坚定不移地走改革开放这条正确之路、强国之路、富民之路。新形势、新任务、新挑战，赋予经济特区新的历史使命，经济特区要不忘初心、牢记使命，在伟大斗争、伟大工程、伟大事业、伟大梦想中寻找新的方位，把握好新的战略定位。

新时代经济特区的战略定位是什么？习近平总书记在海南经济特区建立 30 周年的讲话中给出了明确答案。第一，经济特区要成为改革开放的重要窗口。经济特区是我国最早对外开放的地区，是对外经济交流最活跃的地区，也是最能代表改革开放形象的地区。经济特区要继续发挥好改革开放的重要窗口作用，坚持打开国门搞建设，坚持引进来和走出去并重，同各国扩大双向贸易和投资往来，共建开放型世界经济。要大幅度放宽市场准入，扩大服务业特别是金融业对外开放，创造更有吸引力的投资环境。要加强国际人文交流，促进民心相通、文化相融。第二，经济特区要成为改革开放的试验平台。创办经济特区是我国改革开放的重要方法论，是经过实践检验推进改革开放行之有效的办法。先行先试是经济特区的一项重要职责，目的是探索改革开放的实现路径和实现形式，为全国改革开放探路开路。只有敢于走别人没有走过的路，才能收获别样的风景。经济特区要勇于扛起历史责任，适应国内外形势新变化，按照国家发展新要求，顺应人民新期待，发扬敢闯敢试、敢为人先、埋头苦干的特区精神，始终站在改革开放最前沿，在体制机制改革方面先行先试、大胆探索，为全国提供更多可复制可推广的经验。第三，经济特区要成为改革开放的开拓者。经济特区的成功实践为中国特色社会主义理论形成和发展提供了丰富素材和鲜活经验。新形势下，坚持和发展中国特色社会主义仍然有许多重大课题需要探索实践，有许多新的领域需要开拓创新。当前，改革在很多领域突入了"无人区"，经济特区要坚持摸着石头过河，逢山开路，遇水架桥，在实践中求真知，在探索中找规律，不断形成新经验、深化新认识、贡献新方案。第四，经济特区要成为改革开放的实干家。空谈误国，实干兴邦。只有真抓才能攻坚克难，只有实干才能梦想成真。经济特区要坚定舍我其谁的信念、勇当尖兵的决心，保持爬坡过坎的压力感、奋勇向前的使命感、干事创业的责任感，积极培育崇尚实干的环境，务实求变、务实求新、务实求进，为实干者撑腰，为干事者鼓劲，以昂扬的精神状态推动改革不停顿、开放不止步。

准确把握这一战略定位，完成新时代赋予经济特区的历史使命，必须弘扬好特区精神。第一，要坚持解放思想。改革开放的过程就是思想解放的过程。没有思想大解放，就不会有改革大突破。解放思想不是脱离国情的异想天开，也不是闭门造车的主观想象，更不是毫无章法的莽撞蛮干。解放思想的目的在于更好地实事求是。要坚持解放思想和实事求是的有机统一，一切从国情出发、从实际出发，既总结国内成功做法又借鉴国外有益经验，既大胆探索又脚踏实地，敢闯敢干，大胆实践，多出可复制、可推广的经验，带动全国改革步伐。第二，要坚持开拓创新。改革开放是前无古人的崭新事业，必须坚持正确的方法论，在不断实践探索中推进。摸着石头过河，是富有中国特色、符合中国国情的改革方法。当前，改革在很多领域突入了"无人区"，经济特区要坚持摸着石头过河，逢山开路，遇水架桥，在实践中求真知，在探索中找规律，不断形成新经验、深化新认识、贡献新方案。第三，要坚持肯干实干。空谈误国，实干兴邦。只有真抓才能攻坚克难，只有实干才能梦想成真。经济特区的巨大成就是干出来的。面向未来，依然要坚定舍我其谁的信念、勇当尖兵的决心，保持爬坡过坎的压力感、奋勇向前的使命感、干事创业的责任感，积极培育崇尚实干的环境，务实求变、务实求新、务实求进，为实干者撑腰。特区之所以"特"，其中重要的一条，就在于干在实处、干在深处、干在最前的优良作风。为干事者鼓劲，以昂扬的精神状态推动改革不停顿、开放不止步。改革不停顿、开放不止步，实干是最有力的推进器。改革开放在认识和实践上的每一次突破和深化，改革开放中每一个新生事物的产生和发展，改革开放每一个领域和环节经验的创造和积累，归根结底是实实在在干出来的。当好改革开放的实干家，干在实处是第一位的。经济特区要站在新一轮对外开放的最前沿，奏响全面深化改革攻坚最强音，干在实处是要诀。干在实处，就是要保持干事创业的责任感，谋实事、出实招、求实效。紧紧围绕党中央的决策部署，结合特区发展实际，把好改革开放的"方向盘"，找到改革开放的"金钥匙"，形成符合党中央精神的行之有效的具体举措，务求拳拳有力、招招制胜，一竿子插到底，直至落地见效。

　　"吾善养吾浩然之气"。"精神"只有永续涵养，方能永葆活力。当经济特区沧桑巨变，我们不禁要问：我们的"精神"是否仍如昨天般鲜活，明天我们又将靠什么无往而不胜？毋庸讳言，随着经济的迅猛发展、待遇的不断提高、环境的更加优越，经济特区一些领导干部的思想观念、精神状态、工作作风，与中央的期望相比，与当年经济特区"拓荒牛"的艰苦创业相比，与新时代的发展要求相比，出现很大的差距，"特区精神"正在悄然蜕变：敢闯敢试、敢为天下先的锐气少了，因循守旧、固步自封的暮气多了；居安思危、艰苦创业的忧患意识少了，满足现状、过小日子的安逸思想多了；雷厉风行、一抓到底的实干精神少了，四平八稳、光说不练的飘浮作风多了。这些问题不能不引起我们的高度重视。面对党和国家对经济特区的重托，经济特区必须"不自满、不松懈、不停步""增创新优势，更上一层楼"；为了实现中华民族伟大复兴的中国梦，必须勇于承载使命、一往无前。"特区精神"仍需在新时代进一步彰显：一是要突破经济特区以"经济"发展为重的认识局限，为推进我国"全面建成小康社会、全面深化改革、全面依法治国、全面从严治党"战略布局担当重任，继续发挥"经济"的"领头羊""排头兵"作用，并为"创新、协调、绿色、开放、共享"发展理念开辟新路。在物质文明高度发展的同时，要使经济特区的精神文明建设也走在全国前列，引领新的时代潮流。二是要正视经济特区"政策"已经不特的客观现实，为我国改革开放和现代化建设继续发挥"窗口"和"试验田"作用。即使政策不再"特"了，改革创新、开放发展的观念不能忘，攻坚克难、拼搏奋进的精神不能丢，勇于争先、一往无前的气势不可泄。

主要参考文献

[1]《马克思恩格斯全集》(第 37 卷),人民出版社 1982 年版。

[2]《马克思恩格斯全集》(第 40 卷),人民出版社 1982 年版。

[3]《马克思恩格斯文集》(全 10 卷),人民出版社 2009 年版。

[4]《毛泽东选集》(第 1—4 卷),人民出版社 1991 年版。

[5]《邓小平文选》(第 2 卷),人民出版社 1994 年版。

[6]《邓小平文选》(第 3 卷),人民出版社 1993 年版。

[7]《邓小平年谱》(上、下册),中央文献出版社 2004 年版。

[8]《习仲勋文选》,中央文献出版社 1995 年版。

[9]《习仲勋文集》(上、下卷),中共党史出版社 2013 年版。

[10]《习近平谈治国理政》(第 1 卷),外文出版社 2018 年版。

[11]《习近平谈治国理政》(第 2 卷),外文出版社 2017 年版。

[12] 习近平:《在庆祝海南建省办经济特区 30 周年大会上的讲话》,人民出版社 2018 年版。

[13]《三中全会以来重要文献选编》(上、下),中央文献出版社 2011 年版。

[14]《十二大以来重要文献选编》(上、中、下),中央文献出

版社2011年版。

[15]《十三大以来重要文献选编》（上、中、下），中央文献出版社2011年版。

[16]《十四大以来重要文献选编》（上、中、下），中央文献出版社2011年版。

[17]《十五大以来重要文献选编》（上、中、下），中央文献出版社2011年版。

[18]《习仲勋传》（上、下卷），中央文献出版社2013年版。

[19] 中共中央党史研究室：《习仲勋纪念文集》，中共党史出版社2013年版。

[20]《习仲勋主政广东》，中共党史出版社2011年版。

[21] 陶一桃、鲁志国：《中国经济特区史要》，商务印书馆2010年版。

[22] 钟坚：《大试验：中国经济特区创办始末》，商务印书馆2010年版。

[23] 陶一桃、鲁志国：《经济特区与中国道路》，社会科学文献出版社2017年版。

[24] 陶一桃：《深圳经济特区年谱：1978－2018》（上、下），社会科学文献出版社2018年版。

[25] 罗清和、张克听：《特区经济学》，中国社会科学出版社2018年版。

[26] 蔡昉：《四十年不惑：中国改革开放发展经验分享》，中国社会科学出版社2018年版。

[27] 徐斌：《中国改革为什么能成功》，世界图书出版公司2018年版。

［28］王珺、赵祥：《先行者的探索：广东改革开放 40 年》，广东经济出版社 2018 年版。

［29］傅高义：《邓小平时代》，生活·读书·新知三联书店 2013 年版。

［30］郭建宁：《改革开放与中国特色社会主义》，北京大学出版社 2010 年版。

［31］宫力、周敬青、张曙：《邓小平在重大历史关头：纪念邓小平南方谈话 20 周年》，九州出版社 2012 年版。

［32］桑东华：《开创：邓小平与改革开放》，中共党史出版社 2015 年版。

［33］高尚全：《中国改革开放 40 年：回顾与思考》（上下册），人民出版社 2018 年版。

［34］慎海雄：《习近平改革开放思想研究》，人民出版社 2018 年版。

［35］王伟光：《改革开放和中国经验》，社会科学文献出版社 2014 年版。

［36］袁木：《关于改革开放的若干认识问题》，中国言实出版社 2016 年版。

［37］桂世镛：《改革开放发展的理论与实践》，中国言实出版社 2018 年版。

［38］中共嘉兴市委宣传部等编：《红船精神研究十年精粹》，浙江人民出版社 2015 年版。

［39］吕延勤、赵金飞：《红船精神》，中共党史出版社 2017 年版。

［40］张金锁：《延安精神》，中共党史出版社 2017 年版。

［41］戴立兴、黄宇、龚上华：《新时代中国共产党的伟大精神》，人民日报出版社 2018 年版。

［42］金民卿、陈绍华、吕延涛：《中国共产党精神的时代解读》，社会科学文献出版社 2016 年版。

后　记

中国共产党在近百年的光辉历程中形成的独具特色的革命精神，是一笔宝贵的精神财富和丰厚的政治资源。深入研究和广泛宣传这种革命精神，对于弘扬党的优良传统、加强青年学生理想信念教育、培育和践行社会主义核心价值观具有重要的意义。

"中国共产党革命精神系列读本"由高等学校中国共产党革命精神与文化资源研究中心理事会秘书处组织编写，是研究中心深入学习贯彻习近平新时代中国特色社会主义思想和党的十九大精神的重要举措。编写工作启动以来，理事会秘书处多次邀请有关党史专家对系列读本的编写提纲、书稿初稿和修改稿进行专题研讨和集中审读，就系列读本的研究思路、总体框架、各卷重点、写作风格等进行了多次研讨。在此过程中，注意充分发挥集体攻关的优势，统一思想，提高认识，确保研究和编写质量。

系列读本实行分卷主编负责制。本卷由华南师范大学特区精神研究中心负责组织撰写，陈金龙、蒋积伟任主编。本卷各章由蒋积伟完成撰写。韩振峰、刘晶芳审读了书稿。

教育部社科中心主任王炳林策划设计了系列读本的框架结构并

最后审定书稿，副主任赵军参与了提纲修改和审稿工作，朱喜坤、房正、王婧、朱博宇、崔文龙等做了大量的组织协调工作。在本书编写过程中，参阅了大量专家学者的研究成果，得到了中共党史出版社的大力支持，在此表示衷心感谢。

本书得到教育部人文社会科学研究专项任务项目（中国社会主义理论体系研究）资助。

系列读本编委会
2019 年 4 月